회사가 필요한 사람들의 99% 실행법

직장인 불패 혁명

회사가 필요한 사람들의 99% 실행법

직장인 **불패** 혁명

지은이 김율도, 윤경환
펴낸이 김홍열
편집,디자인 김은영, 김예나
영업 윤덕순, 김정열

초판인쇄 2010년 4월 10일
초판발행 2010년 4월 20일

펴낸곳 율도국
주소 서울시 도봉구 창5동 320 보영빌딩 509호
출판등록 2008년 07월 31일
우편번호 132-045
전화 02) 3297-2027
FAX 0505-868-6565
홈페이지 http://www.uldo.co.kr
메일 uldokim@paran.com

값 13,000원
ISBN 978-89-961564-5-1 03320

회사가 필요한 사람들의 99% 실행법

직장인 불패 혁명

김율도 · 윤경환 지음

ULDO 율도국

목차

CHAPTER 01 전략을 알면 행복 불패

1장. 회사에서 꿈을 실현시키는 방법

2장. 지지않기 위한 3가지 전략

CHAPTER 02 철저한 준비와 지지 않는 실행법

1장. 열심히 하지 말고 잘해라

2장. 전문성 : 간부가 되려면 '세계 최고'는 되지 말라

심화학습 01 직장 동료와 즐겁게 지내는 법

1장. 러닝메이트, 페이스 메이커를 만들어라

2장. 적을 동료로 만드는 '감동의 힘'

승리하기보다 지지않는 것이 중요하다

'전쟁사'에 대한 책은 이미 많이 나왔고 '직장인 병법'같은 책도 이미 많다. 이 둘의 결합으로 된 책도 많이 있다.

그렇다면 이 시대에 맞는 새로운 전쟁과 직장인 병법은 무엇인가? 그것이 없으면 이 책은 펴낼 이유가 없었다. '이 세상에 없는 책을 만든다'는 것이 우리의 슬로건이기 때문이다.

이 책은 직장인의 상식적인 생존법을 뛰어넘어 행복하게 승리하는 실천법을 알려주기 위해 태어났다. 이 책은 회사에서 붙잡는 1%의 '비밀 아닌 비밀'에 대한 구체적인 실행 방법을 알려준다. 상처입으며 승리하는 것보다는 지지않는 것이 중요하다. 이기는 것은 어려워도 지지않는 것은 쉽다. 이기는 사람은 한 명이지만 지지않는 사람은 여러 명이 될 수 있다. 무승부도 있고 휴전도 있기 때문이다.

이제는 살아남는 것이 목적이 아니라, '살아남은 자의 슬픔'이 내 것이 되지 않기 위해 싸워야 하고, 동시에 질적으로도 행복하고 즐거워야 하는 시대가 아닌가? 진정으로 살아남는 사람들은 삶을 여유 있게 즐기며 고통 없이 자기의 능력껏 성취하고 무리하지 않고 살아가는 사람들이다.

조금만 비겁하면 성공할까? 설사 성공한다 해도 만신창이가 된다면 과연 그 성공이 행복할까? 크고 강한 자가 살아남을까? 독종이 살아남을까? 침묵이 소통의 방법일까?

우리는 이러한 의문점을 던지면서 이 책을 만들었다. 즉 우리는 기존의 가치관을 하나씩 고찰해 보면서 과연 우리가 알고 있는 것이 진리인가, 하는 화두를 던지다가 결론을 얻었다.

알고 있는 것을 버리는 혁명과, 소통과 대안이 이 시대 직장인 병법의 키워드이고 CEO에게 충성하지 말고 회사에 충성하라.

이 책에는 두 작가의 글이 섞여있다.

엘리트 코스를 밟은 윤경환은 풍부한 독서량과 지식을 바탕으로 전쟁사의 구체적인 사례 부분을 맡았다.

시인이자 전방위 작가인 김율도는 개인 브랜드 부분과 각종 연구 사례, 디테일한 부분을 통해서 가치관의 방향을 만들었다.

그렇게 화학자와 시인이 만났다. 윤경환은 극단적으로 가는 것을 제어하는 역할을 했고, 김율도는 상식적인 것을 새로운 각도로 보는 역할을 했다.

두 작가는 모든 면에서 상반된 스타일이라서 절충하는데 시간도 오래 걸렸고 수정 횟수도 많았다. 서로 수정을 주거니 받거니 했으니 충분한 검증이 되었으리라 믿는다.

이 세상에 비밀은 없다. 모두가 알고 있는 것을 지혜롭게 해석하고 실천하는 것이 중요하다. 실천력의 배가를 위해서는 테크닉이 필요한 것이다.

끊임없이 질문하고, 의심하고, 도전하고, 변화하는 인재상을 세워본다. 그것이 다가오는 새로운 시대에 누구에게도 지지않는 방법이고 새로운 리더가 되는 길이다.

참고문헌의 표기는 ACS 기준에 맞추었다.

논리와 감성으로 전략적 사고를

윤경환

2006년 12월, 나는 서울대학교 박사과정 입학 합격 통보를 받고 (주)코오롱 중앙기술원에 사직서를 제출했다. 그런데 송년회에서 중앙기술원 연구기획팀장이 나를 붙잡고 말했다.

"나는 너를 놓치고 싶지 않다."

그래서 나의 사직서는 회사 사상 유례가 없는 4년 휴직서로 바뀌었다. 나는 소위 '회사가 붙잡은 직원' 이 된 것이다.

하지만 고백하건데 나는 처음부터 좋은 직장인은 아니었다.

나의 회사생활은 2002년 석사학위를 받음과 동시에 L벤처기업에서 시작했다. 서울대학교 학부와 석사과정을 모두 최우등으로 졸업한 학생이 연봉 2천만 원이 안 되는 벤처에서 사회생활을 시작한 것이 흔한 예는 아니라고 생각한다. 내가 그 신생 벤처 회사에 입사한 것은 드라마에 나오는 천재적인 새내기 사원이 되고 싶었기 때문이다. 즉 회사의 시스템을 두루 섭렵하고 곧 회사의 핵심 인물로 부상하여 경영에 참여하는 그런 만화 같은 사원 말이다.

그러나 중추인물이 되는 것은 고사하고 나는 6개월 만에 부서 이동을 당했다. 그 회사도 안 좋은 회사의 전형을 다 갖춘 회사였지만(결국 지금은 껍데기만 남았음), 무엇보다도 나 자신에게 문제가 있었던 탓이다. 하지만 나는 문제의 본질을 알지 못했다. 오히려 나는 회사의 인사정책을 비판하기 위해 〈인재전쟁〉(에드 마이클스, 세종서적, 2002)이라는 책을 읽었다.

내 인생에 가장 큰 영향을 미친 책을 꼽으라면, 나는 단연 그 책을 선택하겠다. 그 책 덕분에 나는 껍질을 깨고, 나 자신에게 다음과 같은 근본적인 질문을 던질 수 있게 되었기 때문이다.

"그런데 나는 과연 쓸 만한 인재인가?"

곰곰이 생각한 결과 대답은 '노' 였다.

그래서 나는 나의 가치를 올리고 싶었지만 유감스럽게도 그 방법을 알기 어려웠다. 나는 새내기 사원 교육도 받지 못하고 바로 현업에 투입되었고, 또 그 회사의 직원들로부터는 좋은 직장인의 자세를 배우기 힘들었던 탓이다.

하지만 언제나 위기 속에 길이 있는 법이고, 강점 속에 약점이 있는 법이다. 나는 그 회사의 안 좋은 시스템과 문제 있는 직원들로부터 무엇을 해서는 안 되는가부터 파악했다.

그 깨달음을 실천한 결과, 전문연구요원 4주 군사훈련 기간 동안 동료들로부터 내게서는 항상 긍정적인 힘을 얻을 수 있다는 평을 받았다.

업무 역량도 마찬가지였다. 어떤 것이 열심히 일하는 것인지에 대해 새로운 정의를 내렸고, 부족한 팀워크로부터는 팀워크 향상 방법을 고민했다. 또 정체되어 있는 회사로부터 어떻게 해야 개선과 혁신을 할 수 있는지 곰곰이 생각했다.

그렇게 벤처 회사에서 2년 반 동안 근무한 후 나는 코오롱 중앙기술원으로 이직했다. 비록 새 직장에서도 사원 교육은 받지 못했지만, 이미 3개월의 새내기 사원 교육을 이수한 동료들로부터 많은 것을 배울 수 있었다. 본격적으로 인재개발과 경영에 관한 책을 찾아 읽으며 나는 한 층 더 업그레이드되었다.

우선 나는 그 전 직원 두 명이 하던 일을 혼자서 해내는 시스템을 구축했다. 그리고 나 자신은 물론 부서의 이미지를 향상시키기 위해 사보에 출연하는 등 갖은 노력을 다 기울였다. 코오롱 그룹 전체에서 처음으로 주최한 과제 경진대회에서 최우수상을 차지하기도 했다.

하지만 그런 외형적인 점들 때문에 연구기획팀장이 나를 붙잡으려고 했던 것은 아니라고 생각한다. 그가 내게서 본 것은 나를 그렇게 행동하도록 만든 어떤 사고체계일 것이다. 다른 직원들에게도 전파시키고 싶은 그 어떤 사고체계.

그것이 무엇이었을까? 나는 당시 그 답을 알지 못했다. 나는 그저 마음이 시키는 대로 행동했을 뿐이어서 그 사고체계를 타인에게 설명할 수도 전파할 수도 없었다.

그러다 나는 학교로 돌아왔고 재작년 가을부터 이 책을 쓰기 시작했다. 책을 쓰게 된 동기는 국내 굴지의 기업에 입사한 한 후배가 어느 날 회사에 대해 토로하는 불만에 경악을 금치 못했기 때문이다. 나는 후배들이 아마추어리즘을 버리고 프로페셔널한 직장인이 되는 길을 안내하는 책을 쓰기로 마음먹었던 것이다. 그때 마침 내 관심사 중에 전쟁사가 있었기에 나의 주장에 설득력을 부여하기 위해 전쟁사를 예로 들기로 했다.

그러다 이 책을 실험실에서만 돌리지 말고 출판하겠다는 욕심이 들었다. 내가 원고를 보낸 여러 출판사 중 도서출판 율도국이 나의 바람을 이루어주었다.

헌데 율도국은 원고를 계속 퇴짜 놓았고, 나는 다섯 번이나 처음부터 끝까지 다시 책을 써야했다.

그래도 미흡했다. 편집부는 겉으로 드러나는 피상적인 설명이 아니라 나의 행동을 꿰뚫은 하나의 원리를 설명해주기를 원했다. 바로 연구기획팀장이 보았던 바로 그 사고체계 말이다.

수많은 전쟁사 서적과 전략 서적을 읽던 중 마침내 나는 해답을 찾았다.

그것은 바로 '전략적 사고'라는 것이다. 다시 말하면 합리적, 긍정적, 논리와 감성이 섞인 생각이다. 그러나 이 쉬운 말을 실천하는 사람을 나는 거의 보지 못했다.

그래서 나는 내가 얻은 깨달음을 전파하고자 한다.

이 책은 역사책이 아니므로 여기서 언급하는 전쟁사들은 모두 간략하게 요점만 추린 것들이다. 전쟁사에 대해 더 깊이 알고 싶은 분들에게는 이 책 부록의 참고문헌을 권한다.

혹자는 이렇게 물을지도 모르겠다. 그 귀중한 팁을 왜 공개하느냐고.

이유는 간단하다.

회사에 돌아가면 나는 사람을 부리는 입장이 된다. 그때 나는 입사초기의 나 같은 직원이나 얼마 전 실험실을 찾아왔던 실험실 후배 같은 직원을 만나고 싶지 않다. 나는 내 책을 읽고 프로페셔널한 마인드를 갖추게 된 새내기 사원들과 같이 일하고 싶은 바람이다.

차라리 자기계발을 하지 말라

김율도

나는 한 때 직장을 다니다가 잘린 적도 있고, 자본없이 창업하여 의지의 인물에 선정될 수 있을 정도로 성공한 적도 있고, 프리랜서로 정말 자유롭게 산 적도 있다.

3번을 창업했고 직장을 스스로 그만 둔 것 1번, 밀려난 것 1번, 회사가 망한 것 1번이었다.

실패도 했었고 성공도 했었다. 실패했을 때 좌절보다는 오기로 버텨왔고 지금은 나의 환경과 여건에 맞게 10년째 브랜드 컨설팅 회사를 운영하고 있다.

뭐 대단한 인생은 아니지만 신체적인 핸디캡이 있고 또 체력도 약한데 이 정도를 했다는 것에 성공했다고 생각하고 스스로를 칭찬하고 싶다. 규모가 큰 회사를 운영하는 것도 아니고 큰 부를 축적하지는 않았지만 성공했다고 생각하는 이유는 하고싶은 것은 다 해 보았고 마음 먹은대로 거의 다 되었기 때문이다.

치과 기공사가 되어 평범하고 안정적으로 살 기회도 있었지만 시인이라는 단어가 강하게 덤벼 시인이 되었고, 학벌보다는 실력으로 승부하려는 생각으로 대학은 절대 가지 않으리라 마음 먹은 것을 꺾고 5년 늦은 나이에, 학력고사 1달 남겨놓고 공부해서 대학에 들어가 혼자 힘으로 등록금을 내고 졸업했다.

졸업 후 취직이 안되어 달랑 300만원으로 학원을 섭립하여 2년간 운영했다면 믿을 수 있겠는가. 그 후 몸이 아파 병원에 입원하고 제도의 허점으로 학원을 폐업한 후 다양한 문화적 호기심으로 다양한 직업군을 거쳐 브랜드 관련 업무를 하게 된 것이다.

나는 문화유목민으로서 인문, 예술과 삶에서 건져낸 통찰로 지치고 방황하는 직장인에게 대안적인 이야기를 들려주고 싶었다.

시를 쓰는 마음으로 쓴 이 책은 직장인을 위한 퓨전 지침서인데 시와 브랜드와 전쟁과 과학의 결합체이다.

이 책은 전쟁이라는 관점에서 직장생활을 보았다. 전쟁이 즐거울 리 없다. 그러나 다시 생각하면 즐거울 수도 있다. 사람들은 왜 전쟁을 일으키는지 생각해 보면 답이 나온다. 전쟁은 문화 인류학적으로 인간에게 내재된 본능이다. 전쟁을 통해 진화하고 도전을 받고 응전을 하기에 전쟁은 오래된 생물학적 진화 모델이다.

직장에서 즐거운 전쟁을 하기 위해서는 인간의 본능을 충족시키면 된다. 교과서와 현실에서 오는 괴리감을 줄이고 인간적이고 솔직한 욕망과 발전을 위한 전쟁은 경외롭고 자연의 심오한 법칙을 보여주어 아름답기까지 하다.

내가 쓴 글을 다르게 표현하면 차라리 자기계발을 하지 말라는 것이다. 기존의 뻔한 내용을 벗어던지고 이제는 혁명적인 생각으로 자신을 깨고 지지않는 이론을 실천해야 한다. 혁명하지 않는 직장인은 도태된다. 혁신이나 혁명없이 과거에 안주하는 사회가 멸망하듯이.

나는 평범한 것은 죄라고 생각한다. 이 글을 쓰면서 죄를 짓지 않기 위해 노력했지만 심판관인 독자들이 어떻게 생각해 줄지는 모르기에 긴장된다.

이 책에 실린 특이한, 혹은 상식을 뛰어넘는 주장은 세계 각지에서 실험과 연구를 통해 나온 비교적 객관적인 주장이다. 다만, 서양의 연구결과가 대다수라 조금 아쉬움이 남는다. 천편일률적인 자기계발서에 지친 독자라면 이 책에서 소개하는 새로운 내용을 실천해 보자.

동양의 전쟁은 주로 방어적 전쟁이고 서양의 전쟁은 공격적인 전쟁이다. 어느 것이 우월하다고 단정하지는 않겠다. 그 중 동양적인 전쟁은 개선해야 할 점도 많지만 결코 지지는 않는다.

1856년, 영국이 아편전쟁에 승리하여 무역, 금융으로 세계의 터전을 넓혀나갔다. 그로부터 100여년이 지난 지금은 어떤가?

역전 현상이 일어나고 있다. 서구인의 공격적인 기질, 야만성, 끝없는 욕망 때문에 스스로 몰락하는 것이다.

전쟁을 할 때는 서로가 잘되는 윈윈 전쟁이 필요하다.

중국은 값싼 노동력(인해전술)을 미국에 수출하여 자본을 미국으로 보내 조금씩 미국을 지배하고 있다. 그렇다고 일방적으로 미국을 죽이지는 않았다. 미국도 중국에 채권을 팔게 하여 미국의 금리를 낮추는데 도움을 주었다. 이것이 바로 윈윈전략이다.

전략은 약자에게 필요하다. 무력으로 짓밟는 강자에게는 전략 따위는 필요없다. 그래서 이 책은 여성이나, 새내기 사원, 하위 직원들이 더욱 더 필요한 책이다.

또한 남과 싸우는 것만이 전쟁이 아니다. 자기 자신과 싸우는 것도 전쟁이다. 자신의 존재감을 이 책에서 찾아 지지않고 즐거운 직장생활이 되기를 바래본다.

전략을 알면
행복 불패

1장. 회사에서 꿈을 실현시키는 방법

人生이란 그저 살아가는 짧은 무엇이 아닌 것.
문득―― 스쳐 지나가는 눈길에도 기쁨이 넘치나니
가끔은 주목받는 生이고 싶다――

- 오규원의 '가끔은 주목받는 생이고 싶다' 중에서

1) 꿈을 너무 크게 갖지 마라

회사에서 당신이 가진 궁극적인 목표는 무엇인가?

① CEO 혹은 고위직에 오르는 것

② 직위가 무엇이든 정년퇴직하는 것

③ 전문 직무를 충분히 배워서 퇴사 후 창업하는 것

입지전적인 사례로 많이 거론되는 것은 ① 가장 빠르게 CEO 혹은 고위직에 오르는 것이다. 가장 이상적이고 누구나 꿈꾸어 봄직한 직장인의 희망사항이다. 하지만 이 목표는 현실에서는 결코 쉬운 일이 아니다.

우리는 나폴레옹 같은 극소수의 입지전적인 인물을 우상시하여 환상을 가지고 있다. 나폴레옹은 16세에 소위로 임관한 후, 24세에 사단장, 27세에 군단장, 30세에 대통령, 35세에 황제가 되었다. 그 키 작은 남자는 동양의 이 조그만 나라에서는 영웅이지만 프랑스 국민들에게는 영웅 뿐 아니라 쿠데타를 일으킨 독재자로도, 또 프랑스 이외의 유럽에서는 흉악한 침략자로 인식되고 있다.[1]

실제로 나폴레옹이 벌인 전쟁 때문에 당시 유럽 인구의 무려 10%가 사망하였다. 우리는 이러한 속사정을 모르고, 이 극단적인 인물을 자기와 동일시하여 무리한 관행을 되풀이한다.

새내기 사원이 면접볼 때 "직장에서 목표가 뭡니까?"라는 질문에 평균 72%가 "이 회사의 CEO가 되는 것입니다"라고 대답한다. 하지만 이 대답은 면접관들이 제일 싫어하는 대답이다. 왜냐하면 이것은 구체적인 실행 방법이 담겨있는 것이 아니라 철모르는 아이의 꿈이 대통령인 것처럼 그냥 막연히 나오는 습관적인 말이기 때문이다.

차라리 이런 목표는 어떨까.

회사에서 꼭 필요한 사람이 되는 것. 회사의 발전에 큰 역할을 하는 것.

어린 시절부터 우리는 꿈을 크게 가지라고 교육받았다. 하지만 자라면서 겪는 현실은 어떤가. 작은 꿈도 이루기 어려운 사회에서 하루 하루 힘들게 직장생활을 견뎌내고 있다.

새내기 사원이 CEO, 고위직에 오르기까지는 30~40여년이 필요하다. 그 기간 안에 전쟁이 날지, 병에 걸릴지, 체제가 바뀔지 아무도 모른다. 그러니 막연한 먼 미래를 생각하지 말고 오늘을 살라.

---

1) 알랭 드 보통, 〈불안〉, 정영목 옮김, 이레, 2005.

회사에서도 막연한 꿈을 꾸지 말고 바로 눈앞의 목표를 세워라. 1개월, 6개월, 1년 단위로 계획을 세우고 꿈을 만들어 가라. 내일도 행복하게 지내는 것, 한 직급 승진하는 것 등을 이루다 보면 간부도 되고, CEO도 되는 것이다. 결국 오늘을 충실하게 사는 것이 성공적인 회사 생활인 셈이다.

2) 리더십보다 100억짜리 참모십(advisership)을 개발하라

보스형과 참모형 중 사람들의 선호도는 아무래도 보스형이 높다. 그래서 혹자들은 참모를 영원한 2인자라고 격하시켜 말한다.

그러나 참모들은 참모 업무를 할 때 더 일을 잘하고, 행복하며, 그 가치를 발휘한다.

자신은 참모형인데 회사가 지겹다며 뛰쳐나가서 창업한다 해도 회사에 남아서 참모 역할을 하는 것보다 잘 되지는 않는다. 왜냐하면 창업의 세계는, 참모형이 어려워하는 변화무쌍한 결정의 연속이기 때문이다. 또 자신은 보스형인데 불만을 참아가며 회사에 남아봐야 질병 밖에 얻는 것이 없다.

회사에서도 승진할수록 보스 역할을 할 수 있다고 말하지만 솔직해 지자. 도대체 누가 보스인가. 회사에서 CEO 외에는 궁극적으로 모두 참모이다.

참모형의 장점이라면 세심하고 성실하고 한 분야에 전문가적인 식견으로 체계적인 절차에 따라 업무를 완수한다.

주요 참모형 직업군으로는 간호사, 각종 관리자, 사서, 카운슬러, 경리, 인사과 직원, 정보관리자 등이 있다.

회사에서는 처음부터 리더가 될 수는 없다. 그러므로 처음에는 좋은 참모가 되는 법을 배워야 한다.

요즘 리더십개발은 너무 많아 발에 채여 거리에 굴러다니지만 나(김율도)는 아직 '참모십(advisership)개발'은 들어보지 못했다. 단순히 팔로우십이라고 해서 순종하고 따르는 것을 참모십이라고 생각해서는 안된다. 팔로우십이 아닌 어드바이저십(advisership)이 되어야 한다. 어드바이저십이란 내(김율도)가 고안해 낸 단어인데 한 마디로 자기주도형 참모십이다.

자기주도형 참모십(advisership)이란 말 그대로 리더에게 조언하고, 때로는 충고하고, 자료를 수집, 재가공하여 길을 만들어 안내하고 리더가 놓치는 부분을 보완, 개선하여 수행하는 것이다.

많이 언급하는 팔로우십은 단순히 순종하고 따르는 몸종형 참모이기에 한 번 몸종은 영원히 몸종이지만 자기주도형 참모는 머지않아 리더로 올라설 수 있다.

나(김율도)도 보스형 인간이지만 참모형을 예찬하는 이유는 회사에서 자기주도형 참모가 더 많이 필요하기 때문이다.

이 시점에서 100억짜리 사업(프로젝트) 아이디어를 공개하겠다. 바로 리더십이 난무한 이 시점에 '참모십(advisership)개발' 프로그램을 개발, 진행하는 것이다. 이 분야는 블루오션이기에 무궁무진한 형태의 콘텐츠가 나올 수 있다. 즉 보이지 않는 리더, 실세가 되는 방법을 연구한다면 큰 인기를 끌 것이다.

3) 2등보다 3등이 행복한 이유

성공한 직장 생활이란 무엇일까?

높은 연봉? 빠른 승진? 사내 권력? 명예?

돈, 명예, 권력을 부정하지는 않겠다. 하지만 그것을 얻었지만 행복하지 않다면 어떻게 할 것인가. 이제는 성공의 질도 생각해 봐야 한다. 숫자나 양으로 승부하지 말고 질로 승부하라. 제품은 명품만을 선호하면서 왜 성공은 질을 따지지 않는가?

행복을 성공의 필수조건의 하나로 포함시킨다면 진정 질높은 성공적 직장생활이 될 것이다. 이를 공식으로 쓰면 이렇다.

money, power, honor(택1) + happiness(필수) = success

심리학, 사회학 연구 중에는 평범한 사람이 안정적으로 성공했고, '행복의 열쇠는 인간관계'라는 주장이 있다. 조지 베일런트 교수가 1937년부터 72년간 미국 하버드 대학교 2학년 남학생 268명의 72년의 일생을 추적한 연구결과를 보자.[2]

그 268명 중 연방 상원의원 도전자, 대통령(존 F 케네디), 유명한 소설가도 배출되었다. 그런데 연구 시작 후 10년이 지난 후부터 20여명이 심각한 정신적인 문제로 괴로워했고, 그들이 50세가 되자 약 3분의 1이 실제로 정신질환을 앓았다.

하버드생에게 기대하는 부담감, 목표달성을 위한 스트레스 때문이었다. 이렇게 보면 스트레스는 행복의 적인 것 같다.

---

2) Shenk, J. W. The Atlantic, 2009, Jun.

회사에서의 스트레스는 직급이 올라갈수록 심해진다. 그렇다고 승진하지 말아야 하나? 그건 아니다.

전쟁은 스트레스와 고통을 수반한다는 것을 인정하고 '고통에 적응'하는 낭만적인 전쟁을 하고 회사라는 조직을 이해해야 한다.

회사라는 조직은 많은 시행착오 끝에 태어난 효율성이 높고 합리적이지만 반면에 피도 눈물도 없는 냉철한 조직이다.

이는 마치 동물의 세계와 같다. 동물의 세계에서 일어나는 협동 사냥, 도태된 자 버리기, 서열 가리기 등이 회사에서도 일어난다.

왜 그래야 하느냐, 하며 통탄하거나 비통해 하지 마라. 회사는 냉혹한 진화생물학적 조직이다. 그러므로 당신도 동물의 세계에서 볼 수 있는 생존법을 익히면 된다. 단, 여기서 끝나면 안 된다. 그러면 그야말로 '동물의 왕국'이 된다. 돌고래가 덫에 걸린 다른 돌고래를 구하려다 자신의 호흡에 위험이 닥쳐도 끝까지 돕는다는 사실을 아는가? 또 큰박쥐는 출산하는 암컷이 순산하도록 도와준다는 사실을 아는가. 동물도 그러한데 하물며 인간이랴.

몇 년 전만 해도 '1등이 아니면 기억하지 않습니다' 류의 광고가 유행했다. 그러나 요즘은 '행복이 최고'라는 가치관으로 우선순위가 바꾸는 추세이다. 여기서 문제 하나를 내보자.

운동 경기에서 1등과 2등, 3등의 행복지수 순서는 어떻게 될까? 답이 1등-2등-3등이었다면 문제를 내지도 않았다.

정답은 1등, 3등, 2등 순이다. 이는 바르셀로나 올림픽 메달리스트 41명을 대상으로 한 연구의 결과이다.[3]

---

3) Medvec, V. H.; Madey, S. F.; Gilovich, T. Journal of Personality and Social Psychology, 1995, 69(4), 603-610

2등이 3등보다 더 만족도가 떨어진다. 희한한 일이다.

그 이유는 2등은 1등을 놓친 아쉬움과 허탈감에 괴로워하고 비통해 하기 때문이다. 1등과 비교하여 뒤진 점만을 생각하여, 3등보다 앞선 자신의 우수한 성적은 생각하지 않은 것이다.

반면 3등은 등수 안에 든 것에 만족하고 1등도 할 수 있다는 희망, 그리고 누구와도 비교하지 않고 상을 탄 그 자체만으로 기뻐하는 것이다. 곧 등수의 문제가 아니고 마음의 문제인 것이다.

기억을 더듬어 떠올려 보라. 2등을 차지한 사람들은 다 우울한 표정을 짓지만 3등을 차지한 사람들은 생글생글 웃고 있을 것이다. 못 믿겠다면 아래 사진을 한 번 확인해 보라.

2008년 북경올림픽 카누 메달리스트들. 왼쪽의 울상은 은메달리스트 데이비드 칼(스페인), 가운데는 환희에 찬 금메달리스트 막심 오팔레프(러시아), 오른쪽은 환호하는 동메달리스트 유리 세반(우크라이나).
출처 : 북경올림픽 공식홈페이지(http://en.beijing2008.cn)

4) 재포지셔닝하여 대체 불가능한 인력이 되라

다시 처음의 질문으로 돌아온다.

현실적으로는 ① CEO 되기는커녕 ② 정년퇴직 목표조차도 달성하기 쉽지 않다. 왜냐하면 직장인들의 예상 정년은 불과 44세 정도에 불과하기 때문이다.

그들이 ②번 목표조차 달성하지 못하는 이유를 알아보자.

가령 이지혜, 라는 경리직원이 정년퇴직이 어려운 가장 큰 이유는 경리직이라는 업무가 대체 가능한 인력을 찾기 쉽기 때문이다. 쉽게 대체할 수 있는 업무에, 년수 따라 호봉이 오르는 비싼 직원을 계속 고용하고 있을 회사는 없다.

그러면 이지혜의 생존방법은 무엇인가?

이지혜는 조직이 자신을 버리지 못하게 해야 한다. 바로 '일은 잘하지만 평범한 경리직원'이 아니라 '대체 불가능한 인재가 되는 것'을 전략으로 삼는 것이다.

구체적으로 어떻게 하는가?

공인회계사 등 자격등을 따는 방법이 있겠지만 이것은 현실적으로 쉬운 일이 아니다. 이지혜는 이름처럼 지혜롭게 자신을 경리직원이 아니라 경리직 외의 이유로 회사에서 꼭 필요한 사람이 되는 것이다. 사내 여성의 구심점 역할을 하거나 회사에서 필요한 직원을 내보내는 것은 회사로서도 큰 각오를 해야 하는 일이다. 이것을 재포지셔닝이라고 한다.

이 경리직원의 전략을 표로 정리하면 아래과 같다.

전략적 목표	정년퇴직
전략	대체 불가능한 인력으로 자리 잡는 것
전술	• 젊은 경리직원들에게 모범이 되는 성실한 근무 태도 • 경리업무에 미숙한 연구원 등을 위한 교육 • 사내 분위기를 밝게 해주는 친화력 • 여직원들에게 있어 큰 언니로서의 역할 • 회사 역사의 산 증인으로서 젊은 직원들을 이끌 멘토

5) 한 직급 위의 마인드를 가져라

가장 주목받는 직원 되는 법

재포지셔닝에 대한 개념이 섰다면 전략적 우선 목표는 다음 한 가지로 정해야 한다.

'가장 주목 받는 직원이 되는 것'

석사들은 입사 때부터 주임 말호봉(혹은 대리 초호봉)으로 들어오고, 박사들은 대리 말호봉(혹은 과장 초호봉)으로 들어온다. 그래서 이들 중에는 과장 승진을 대수롭지 않게 생각하는 경우도 많다. 하지만 학사로 입사하여 승진한 대리가 과장이 되는 것은 만만한 일이 아니다.

회사마다 승진 연한은 조금씩 다르지만 대체로 직급별로 3 ~ 5년 정도씩은 걸린다. 그러나 능력만 있으면 승진 연한이 되기 전이라도 승진시키는 '발탁승진제'를 도입한 기업이 50% 이상으로 점차 늘어가는 추세이다. 반대로 정해진 기간 안에 승진하지 못하면 승진 기회를 박탈하는 '직급정년제'를 도입한 기업 역시 30% 정도로 점차 늘어가는 추세이다.

가장 주목 받는 직원이 되는 방법론으로는 한 직급 위의 마인드를 갖는 것이다. 한 직급 위의 사고를 가진다면 상사들의 마인드가 보이고 자신의 행동방향이 보인다. 이는 임원들이 가장 많이 추천하는 방법이므로 깊이 새겨두고 실천하면 좋은 결과를 얻을 수 있을 것이다.

상사의 입장에서 자기 자신을 보면 부족한 것이 무엇인지, 상사가 바라는 것이 무엇인지 알게 된다.

그럼 여기서 각 직급별로 바람직한 인재상을 알아보자. 당신보다 한 직급 위의 내용을 읽고 실천한다면 주목받을 수 있다.

사원급은 자신의 적성에 맞는 전문분야를 찾으면서 성실하게 실무를 배우면 된다. 직접 성과에 대한 책임을 지지 않으므로 배우려는 자세로 노력하는 모습만으로도 좋은 인상을 줄 수 있다. 사원급의 평균 57% 정도는 대리로 승진된다.

대리급은 평사원들을 데리고 업무를 처리하는 실무자 중에서는 최상위직이다. 그러므로 주목받는 대리가 되기 위해서는 실무에 대한 책임감, 그리고 과장급에서 필요한 관리자의 자질도 보여주어야 한다. 대리급이 과장급으로 평균 45% 정도가 승진한다.

과장급은 중간관리자이자 실무책임자이다. 과장급은 커뮤니케이션 능력이 중요한데 말하기, 듣기, 쓰기를 통해 상하간의 소통을 잘 해야 한다. 과장급은 딱 중간적 위치로, 밑에서 치고 올라오고 위에서 누르므로 샌드위치로 볼 수도 있겠지만 이를 역으로 잘 활용한다면 긍정적 결과를 이끌어 낼 수 있다. 부하직원들에게는 사기를 불어넣어 성과를 이끌어내고 부장급에게는 그들이 상대적으로 약한 실무에 대한 부분을 잘 보고하여 인정을 받도록 한다.

차, 부장급은 중간관리자로서 전문가로 화려한 불꽃을 마지막으로 태우고 서서히 임원으로 가기 위해 변모해야 한다. 부서를 잘 이끌어 가시적인 성과를 내고, 기업에 이익을 줄 수 있어야 한다. 일선의 수장 역할을 확실히 해야 하며, 글로벌 마인드로 경영에도 자질을 보여주어야 한다.

임원이 되면 차원이 달라진다. 피고용자에서 경영자로 입장이 반대가 되고 급여는 부장급보다 2배이고 전용차량과 비서 등 지원이 파격적이지만 성과에 대한 최종적인 책임을 지므로 누가 시키지 않아도 목숨을 걸고 일하는 경우가 많다.

임원급은 실무를 전혀 하지 않고 부하들에게 보고받고 관리만 하므로 현장을 파악하고 있어야 하고 큰 그림을 그려야 하기에 업계트랜드, 시장상황, 경제흐름을 보는 안목이 있어야 한다. 인재양성, 인맥관리, 최신 동향을 알 수 있는 방법, 보고체계 등을 만들고 시행해야 한다.

요점을 정리하자면 각 직급에서 필요한 가장 중요한 핵심포인트를 이해하고 상위직의 가능성을 보여주는 것이다.

평사원이 기본적인 실무능력을 갖추고 조직생활에 잘 적응한다면 단계별로 대리까지 승진하는데 별 무리는 없다.

그러나 승진을 하는데도 모든 일을 자기가 직접 처리해야 직성이 풀리고 부하직원들을 믿지 못한다면 승진이 어려울 것이다.

부장은 관리 능력만 출중하고 새로운 사업을 만드는 능력이 있음을 보여주지 않는다면 임원으로 승진하기 어려울 것이다.

6) 학력, 학벌을 극복하는 방법

회사에서 사람을 뽑을 때 가장 가시적인 기준은 학벌이다. 하지만 입사 후 회사에서 필요한 소양에는 친화력, 응용력, 커뮤니케이션 등 학교에서 학점으로 채점하지 않는 것들이 실제로 더 많다.

응용력을 예로 들면 삼성에서 승진하려면 예전에는 영어 필기시험(토익)을 보았으나 이제는 실용적인 영어회화 시험을 잘 봐야 한다.

그 때문에 많은 새내기 사원들이 회사에 적응하지 못한다. 내(윤경환) 경험상 특히 SKY 출신들이 더 당황하곤 한다.

그런데 학교에서 배우지 않은 것이 회사 생활을 좌우한다는데, 왜 회사는 성적만 보고 뽑을까?

이유는 두 가지다.

첫째는, 그 많은 지원자들을 가려내는 가시적인 지표로는 학벌과 학점이 가장 빠르기 때문이다. 짧은 시간의 면접에서 지원자에 대한 모든 것을 알 수는 없다. 결국 회사는 예전부터 그렇게 해왔던 관행도 있고, 새로운 기준을 마련하는 것이 모험이기에 학벌과 학점에 가장 크게 의존할 수밖에 없는 것이다.

둘째는 기득권의 권력 확대 때문이다. 회사에서의 학벌, 학력주의는 권력을 재생산한다. 든든한 후배들을 거느리면 자신의 권력과 지위가 안전해지기 때문이다. 이는 세계 모든 나라의 역사에서 공통적으로 찾아볼 수 있는 현상이며, 우리나라 역시 조선조의 당파분쟁에서 그 예를 찾을 수 있다. 당파와 외척이 정권을 장악한 조선 후기 사회 역시 급변하는 세계에 대처 한 번 해보지 못하고 일본의 식민지로 전락하지 않았던가.

이제 우리는 학벌과 학점이 모든 것을 결정짓는다는 편견은 쓰레기통에 던져야 한다. 물론 학벌이 좋다는 것은 그만큼 포텐셜이 있다는 뜻이므로 유리한 고지에 있다는 것은 맞다. 그러나 미국의 경제전문지 '포브스'의 조사결과, 미국의 400대 기업인 중 대학을 졸업하지 않은 사람은 15%나 된다. 동양에서도 대만의 중소기업 사장들 중 대학을 졸업하지 않은 사람도 30%에 달한다.

① 학교에서 배우지 않는 분야에 도전하라

업무능력으로 승부를 보는 방법 중 학벌이 무의미한 분야, 즉 학교에서 가르치지 않는 분야에 종사하면 지지 않는다.

학교에서 가르치지 않는 분야는 의외로 많다. 가장 대표적인 것이 영업직이다.

영업은 학력이 아닌 실적으로 평가하는 분야이기에 학벌, 학력의 차별이 매우 적다. 영업직은 회사에서 사원들을 교육시킨 후 필드(field)로 내보낸다. 회사의 교육 매뉴얼로부터 진취적이고 적극적인 사고방식을 배울 수 있는 것도 장점이다.

나(김율도)의 고등학교 동창 문준호는 컴퓨터 프로그래머로 LG CNS에서 직장 생활을 시작했다. 전공은 경제학인데 전문가로서 안정된 삶을 위하여 전혀 생소한 분야에 도전한 것이다. 쟁쟁한 컴퓨터 전공자와 실력자들 속에서 4년간을 부단히 노력하여 살아남는데 성공했다. 하지만 이대로라면 비전공자로서 한계가 느껴지고, 살아남는 것에 급급하다보면 더 큰 미래가 보이지 않았다.

한 단계 도약이 필요했다.

그래서 그는 프로그래머에서 영업직으로 전환하기로 결심했다. 적성면에서 이질적인 부서이고 사내에서도 전례가 없던 일이라 원하는 부서로 가는 것이 쉽지 않은 일이지만, 열의를 보여 부서 이전을 하였다. 이후 큰 계약을 계속 성공시키며 5년 만에 과장이 되었다. 이후 HP Korea로 이직하여 큰 성과를 이루어 34세에 억대 연봉자가 되었다. 그러한 실력을 토대로 30대 후반에는 벤처기업의 CEO가 되어 독립하였다. 지금은 10년째 190여명의 직원이 있는 (주)아이파트너즈를 경영하고 있다. 그의 이야기는 '마법의 5년'이라는 책에 자세히 나와있다.

그는 나(김율도)와 문학반에서 같이 활동했다. 물론 문학을 하던 사람이 영업을 하기 힘들다는 이야기는 아니지만, 자신의 능력을 잘 찾아내어 발휘한 것에 놀라움과 존경의 마음을 가지고 있다.

영업에서 시작하여 성공한 사람 중에는 웅진그룹 윤석금 회장을 비롯하여 많다.

직업이 세분화되고, 없던 직업도 새로 생기다 보니 학교에서 가르치지 않는 분야도 많아졌다.

위조지폐 감별사도 그 중 하나다.

외환은행 서태석 부장의 학력은 중학교 중퇴지만, 그는 미국연방수사국(FBI)과 비밀수사국(USSS)으로부터 위촉받을 정도로 뛰어난 위조지폐 감별실력을 자랑한다. 그는 우연히 미군 장교로부터 위조지폐 감별법을 배워 수습사원으로 은행에 들어갔다가, 학력이 아닌 실력으로 정식사원으로 전환되어 위조지폐 전문가로 우뚝 섰다.

내(김율도)가 하는 브랜드 관련 분야도 경영학과에서서 잠깐 배울 뿐 아직 학교에서 많이 가르치지 않는다. 그 외에도 학벌이 무의미한 분야는 생각보다 많으니 잘 찾아보자.

② 학력 콤플렉스 극복법

우리 사회가 학력 지상주의 사회다 보니 학력 콤플렉스도 많다.

이럴 때는 학력이 중요하지 않은 분야로 가라고 위에 썼지만, 그것이 마음 속에 자리잡은 학력 콤플렉스를 완전히 없애주지는 못한다.

학력 콤플렉스는 마음의 문제이기에 정신적 만족감을 얻으면 된다. 그러나 학력이 높은 배우자를 만나는 것이나 자녀를 통해 콤플렉스를 해소하지는 말라. 대리만족을 하려다 이혼이나 가정 불화 등 다른 문제가 발생할 수 있다.

학력 콤플렉스를 줄이는 가장 직접적인 방법은 당연히 어떠한 방법으로든 학력을 높이는 것이다.

학력을 높이는 방법에는 야간대학도 있고, 편입도 있고, 대학원으로 진학하는 방법도 있다. 실제로 낮은 순위의 대학교를 졸업하더라도 대학원을 좋은 곳을 나와서 좋은 회사에 취업하는 경우도 많이 있다.

또 방송대와 사이버대학 같은 곳도 있다. 이 같은 4년제 인정대학에 다니는 사람들의 목표는 몇 가지로 나누어진다.

대학원에 진학하기 위한 징검다리 역할, 학력 콤플렉스를 해소하기 위한 자기만족, 순수하게 더 배우고 싶은 열정 등이다.

이들 대학은 고졸, 전문대졸 사원이 회사를 다니면서 학위를 얻는 데만 유용한 것이 아니다.

가령 이공계 출신 직장인이 회계를 제대로 공부하고 싶다면, 혼자 책을 사서 공부하는 것보다는 방송대, 사이버대에 등록하는 것이 효과적이다. 요즘에는 4년제 졸업자들도 이들 대학에 재입학하는 사람들이 많을 정도로 공부의 체계가 잡혀 있는데다가 결정적으로 '학위'라는 인증서도 얻기에 유용하다.

관공서나 공기업에서는 방송대, 사이버대학, 독학사 등을 학력으로 인정하고 있다. 설령 사기업에서 학력으로 인정받지 못한다 하더라도 자기 만족감이나 자신감이 생겼다면 이는 엄청나게 큰 소득이다.

2장. 지지않기 위한 3가지 전략

나(윤경환)의 박사과정 지도교수인 서울대학교 화학부 윤
도영 교수는 노벨 화학상 수상자 폴 플로리의 제자다. 미국 스탠
포드 대학교 자문교수, 독일 막스 플랑크 연구소 자문교수 등을 역
임하는 등 학자로서의 명망도 높지만, 세계 최대의 컴퓨터 회사인
IBM에서 25년이나 근무하였기 때문에 직장인으로서의 마인드도
남다른 면이 있다.

그 윤도영 교수가 학생들을 혼낼 때 자주 쓰는 말이다.

"생각을 좀 해라."

명색이 서울대생들이니 생각이 없지 않겠지만 세계적인 인물의
기준에는 영 마뜩치 않다. 도대체 이 학생들에게는 어떤 생각이 결
여되어 있는 것일까? 그것은 한 마디로 '전략적 사고' 다.

간단하게 정의하면 전쟁에서 지지않는 방법이다.[4] 군사학자들
은 보통 현대의 전쟁에 가장 큰 영향을 미친 전략가로 다음 세 사
람을 꼽는다.

바로 조미니(1779~1869), 클라우제비츠(1780~1831), 리델 하트
(1895~1970)다.

---

4) 전략의 하위 개념인 전술은 개별 전투에서 이기는 방법이다. 이 차이점을 기
억하자.

1) 조미니의 오해 : 철저한 준비와 실천만이 살 길?

1779년생 조미니는 1805년부터 8년 동안 나폴레옹 군에 종군한 후 나폴레옹의 승리의 비결을 다음과 같이 요약했다.

"철저한 계획과 준비가 완벽하면 지는 일은 없다"

이 결론을 위해 그는 '적이나 환경은 변하지 않는다' 는 이해하기 어려운 가정을 세웠다. 일찍이 조조가 '적과 부딪히면서 아군의 작전이 끊임없이 변화하기 때문에 전쟁에는 정해진 형태가 없다' 고 밝혔지만, 조미니는 아쉽게도 그 점을 보지 못했다.

불행히도 그 후로 너무나 많은 사람들이 조미니를 추종했다. 제 1차 세계대전 당시 연합군과 독일군의 지휘관들은 모두 조미니의 정신적 후계자들이었다. 그래서 그들은 적이 어떻게 대항하는지에 관심 없이 오직 자신들의 작전 계획에 따라 병사들을 적들의 기관총 앞으로 내보냈다가, 매 전투 수만, 수십만의 병사들을 죽음으로 몰고 갔던 것이다.

그래서 시대는 새로운 전략가를 찾았다. 오래전 잊혀졌던 클라우제비츠의 재등장이었다.

2) 클라우제비츠의 독선 : 오로지 정면 대결이 능사?

동양에 〈손자병법〉이 있다면 서양에는 〈전쟁론〉이 있다고 할 정도로 클라우제비츠가 남긴 유산은 크다.

1780년에 프로이센에서 태어난 클라우제비츠는 나폴레옹에 맞서 싸우다가 처참한 패배를 당했다. 그 후 그는 왜 프로이센이 나폴레옹에게 패했는지 심도 있게 연구하였다.

조미니가 승리자의 입장에서 〈전쟁개론〉을 쓴 반면, 클라우제비츠는 패배자의 입장에서 〈전쟁론〉을 기술했다. 자연히 클라우제비츠는 조미니의 정반대 입장에 섰다. 그가 얻은 깨달음은 '적과 환경은 변화한다'는 자명한 진리였다.

제1차 세계대전에서 지독한 패전을 겪은 신세대 독일군 지휘관들은 클라우제비츠의 가르침에서 새로운 길을 찾았다. 그들은 정해진 계획이나 전술교리를 고집하지 않고, 상대의 허를 꿰뚫는 전략과 임기응변적인 전술을 선보이며 제2차 세계대전의 서막을 성공적으로 열었다.

그런데 클라우제비츠는 책을 완전히 집필하지 못하고 사망하여 그의 전략론에 대해 다음과 같은 오해가 시작되었다.

"최고의 승리는 적군을 섬멸해버리는 것이다."

하지만 이것이 절대적 해결책은 아니다. 결국 독일군은 제2차 세계대전에서도 패했다.

조미니도 클라우제비츠도 결국 전략의 본질을 보지 못했다. 그들이 만일 '싸우지 않고 이기는 것이 최상책'이라고 말한 손자에게 조금만 더 귀를 기울였더라면 역사는 달라졌을 것이다. 손자를 신봉한 사람이 있으니 마지막 전략가 리델 하트이다.

3) 리델 하트의 대안 : 측면을 공격하라

영국 장교 리델 하트(1895년생)는 제1차 세계대전에 참전한 후, 왜 유독 이 전쟁에서 사상 유례가 없는 인명 피해(무려 3천만 명이 넘는 사상자)가 났는지 해답을 얻고자 했다.

그는 조미니와 클라우제비츠 두 명 모두가 원흉이라고 결론지었다. 리델 하트는 이 문제의 해결책을 〈손자병법〉에서 찾았다. 리델 하트가 얻은 결론은, 적의 정면을 공격하지 않고 측면 깊숙한 곳을 습격하여 적의 항전의지를 꺾는다는 '간접 전략'이었다.

오늘날 많은 기업들은 직원들에게 리델 하트식 발상을 요구한다. 즉 경쟁사가 예상하지 못한 것을 생각해내라는 것이다.

이러한 움직임은 분명히 옳다. 기업간 M&A에서 실패한 기업들은 지나치게 조미니 전략에 충실했던 경향이 있다. 무리한 차입금 경영에 나섰다가 금융 환경이 급변하는 순간 모기업이 위태로워지는 것이다. 또 반도체 치킨 게임의 예에서 보듯이 클라우제비츠식 정면 대결은 어느 한 쪽이 파멸(부도)나야 비로소 종료된다.

반면 '아이팟', '아이폰' 등을 연달아 히트시킨 애플은 분명히 리델 하트식 전략에 충실한 회사다. 그들은 항상 새로운 시장을 만들어냈고, 새로운 트렌드를 주도했고 독보적인 존재다.

이는 회사 내에서도 마찬가지다.

남들과 똑같이 하는 사람은 결국 클라우제비츠식 정면 대결에 휘말릴 수밖에 없다. 우리는 앞으로 회사에서 리델 하트 전략을 어떻게 구현할 것인지에 대해 집중적으로 살펴볼 것이다.

미야모토 무사시의 칼 길이

일본의 검성으로 추앙되는 미야모토 무사시는 이도류(두 자루의 칼을 쓰는 검법)의 창시자로 알려져 있다.

무사시의 일생에서 가장 유명한 결투는 간류 섬의 결투인데, 그는 여기서 유명한 무사 사사키 고지로를 쓰러뜨렸다. 이 싸움은 발상의 전환에 대해 많은 생각을 하게 해준다.

사사키 고지로는 긴 칼을 쓰는 것으로 유명했다. 그의 검법은 먼저 상대방의 머리를 내리치는 것으로 시작한다. 이때 만일 상대가 그것을 피하면 즉시 칼을 들어 올려 턱을 공격했다.

고지로는, 무사시가 사실은 두 자루의 칼을 모두 사용한 적이 거의 없다는 사실을 몰랐다. 따라서 그는 알려진 대로 무사시가 한 칼로 공격을 막고 다른 칼로 공격해올 것이라고 생각했다. 만일 무사시가 그런 방식으로 상대했다면 그 결투는 고지로의 승리로 끝났을 것이다.

무사시는 어떻게 고지로를 이겼을까? 그는 고지로의 칼보다 더 긴 나무 막대기를 가져왔다. 그리고 고지로의 칼이 닿을 수 없는 거리에서 막대기를 휘둘러 그의 머리를 박살내버렸다.

많은 사람들은 항상 한 가지 방법으로 문제를 해결하려고 한다. 하지만 상대에 따라 방법은 바꿔야 한다. 이것이 인생 가변의 법칙이다.

예를 들어 우리가 사용하는 워드 프로세서에는 한글과 워드가 있다. 당신이 한글의 달인일지라도 외국계 회사에 서류를 보낼 때는 워드로 작성해야 한다. 따라서 평소 한글과 워드를 모두 쓸 수 있어야 직장인 가변의 법칙을 잘 활용할 수 있다.

철저한 준비와
지지 않는 실행법

1장. 열심히 하지 말고 잘해라

대리급, 과장급 이상이 꼽은 베스트 사원 유형은 '업무파악을 잘하는 사원'이다. 그 다음이 '성실한 사원'이다. 중역이나 간부들은 그 반대 순서이다.

이것은 무엇을 말하는가. 실무자들의 시선으로 볼 때 열심히만 하지 말고 잘하는 것이 중요하다. 중역들은 평사원들을 직접 대면하지 않으니 눈에 보이는대로 평가 할 수 밖에 없는 것이다.

사람들이 혼동하는 말이 있는데, '일 잘하는 직원' 과 '열심히 일하는 직원'이 그것이다. 밤늦도록 일한다고 반드시 성과도 최상은 아닐 수 있다. 또 적게 일하고도 성과가 좋게 나올 수도 있다.

국내 기업의 대표들이 꼽은 고액 연봉자의 특징 중 하나는 '잔업과 휴일 근무가 많은 사람'이 아니라 '주어진 시간 내에 효과적으로 일하는 사람'이다.

일 잘하는 직원에 대한 가장 좋은 정의는 나(윤경환)의 인생을 바꾼 책인 〈인재전쟁〉의 한 단락에 들어 있다.

"A급 직원은 지속적으로 결과물을 제시하고 다른 사람들에게 영감을 주고 용기를 북돋워줌으로써 비범한 실적을 달성하는 직원이고, B급 직원은 기대는 충족시킬 수 있는 성실한 사람이지만 그 이상의 일을 해내지는 못하는 사람이다."

2장. 전문성 : 간부가 되려면 '세계 최고'는 되지 말라

1) 처음부터 깊게 파지 말고 넓게 파라

한국의 기업에서 육체노동자들이 시간이 지날수록 스페셜리스트(specialist)가 되는 것과는 반대로, 정신노동자들은 승진하면서 제네럴리스트(generalist)가 되는 특징이 있다.

공장에서 사용되는 전문 기술이라면 미래를 그다지 걱정할 필요가 없다. 노동조합이 있는 대기업의 현장 근로자들은 대부분 정년이 보장되니 말이다.

하지만 연구직이라면 경우가 다르다. 화학물질을 대한민국에서 가장 잘 분석한다고, 이사가 되고 사장이 될까? 혹은 정년이 보장될까? 아니다. 그냥 유능한 화학자일 뿐이다.

회사원으로서는 이례적으로 노벨 화학상을 수상한 일본 시마쯔 사의 다나카 고이치는 노벨상을 받은 후에도 그 업무를 계속하고 있다. 하지만 만일 그가 한국 회사에 있었다면 그는 애초 노벨상을 받지도 못했을 것이다.

한국의 회사들은 연구원의 장인정신을 우대하지도 않고, 평생 한 가지 연구 분야만 파고드는 사람은 오히려 무능력하게 보는 경향이 있다. 따라서 연구원들도 어느 정도 직급에 오르면 연구를 그만 두고 스스로 관리자로 변모한다.

이와 관련하여 잘 알려진 '피터의 법칙'으로 보면 우리기업의 문제는 매우 심각하다. 피터의 법칙은 컬럼비아 대학교의 심리학 교수 로렌스 피터의 이름을 따온 것으로, '기업이나 관공서에서 직원이 무능력의 수준까지 승진하게 되는 것'을 말한다.[5] 즉 승진할수록 자기 분야에서 벗어나 관리직 등 타 분야를 총괄하게 되므로 효율성은 떨어지게 되고, 마침내 무능력이 드러난다는 것이다.

가령 훌륭한 연구원이, 실력이 아닌 연공서열이나 기타 다른 이유로 인사 책임자로 승진하게 되면, 연구는 천재지만 조직 관리에서는 무능함이 드러날 수도 있다.

능력보다는 연줄이나 낙하산, 혹은 CEO의 개인적인 선호도에 의해 발탁되는 현상이 자주 일어나는 한국에서는 이러한 일들이 흔하다. 결국 이런 점이, 한국 기업이 세계 최상위권으로 가려는 발목을 잡는다. 하루 빨리 전문직으로 평생 근무하고 기술임원이 많이 나오는 기업들이 많아져야 한다.

이러한 한국 기업의 관행은 당연히 개선해야 하지만, 이것은 하루아침에 이루어지기 어렵다. 뜻 있는 사람이 혁명을 일으키면 되겠지만 나랏님도 못바꾸는 것을 개인의 힘으로 바꾸기는 힘들다.

그렇다면 전문가를 우대해주는 나라로 이민갈까? 그것도 하나의 방법이다. 내가 나라를 선택한다는 것이 얼마나 진취적이고 혁명적인 생각인가. 내 운명을 내가 개척하니 말이다.

---

5) 로렌스 피터, 레이몬드 헐, 〈피터의 원리〉, 나은영 옮김, 21세기 북스, 2009

반대로 현실에 적응하기로 했다면 회사에서 크기 위해 자기 분야에서 달인이 되기보다 '처음부터 넓게 파라'는 뼈아픈 충고를 받아들일 수밖에 없다. 처음부터 자기 분야를 너무 깊이 파면 나중에는 사다리나 밧줄 없이는 그 구멍에서 빠져나오지 못한다. 그러므로 넓게 파들어가면서 동시에 점점 깊게 파야 한다.

전문가를 푸대접 하는 것은 우리 역사에서 오랜 전부터 내려오던 제도와 관계가 깊다. 알다시피 우리나라에서 전문적인 일은 옛날에는 하층민의 일이었다. 대장장이는 평생 대장간에서 철을 달구었고, 갓바치는 하루 종일 가죽을 만져야 했으며 노릇바치는 평생 광대를 해야 했다.

하지만 지배계층인 양반들은 특정 분야의 달인이 아니었다. 양반들은 시, 서화를 하고, 무예를 하고, 하인들을 관리했다. 그들은 기술은 없지만, 기술자들을 부리고 권력을 휘둘렀다.

현대 사회의 회사에서도 마찬가지다.

이 뿌리 깊은 역사의 산물은 쉽게 고쳐지지 않았다. 아직은 기술자보다는 벼슬이 더 위라는 이야기다. 이것이 간부로 승진하려면 평사원 때부터 '보는 눈'을 길러야 하는 이유다.

아무 생각 없이 시키는 대로 일할 것이 아니라, 왜 그 일을 해야 하는지, 그 일은 어떤 일과 연관되어 어떤 흐름으로 진행되는 것인지. 그 일의 후속적인 일은 무엇인지, 그렇게 전체를 보면서 일을 해야 능동적이고 앞선 생각을 할 수 있다.

그런 의미에서, 상사가 당신 분야가 아닌 일을 시킬 때에도 짜증내지 말고 오히려 기회라고 생각하고 일하라. 그 경험은 새로운 경험이 되는 것이고 나중에 승진하는 데 밑거름이 될 수 있다.

또 상사가 당신에게 다른 분야의 일을 시키는 것은 어쩌면 상사가 당신을 눈여겨보고 시험하는 것일 수도 있다. 따라서 무책임하게 대충 처리하는 것보다는 성공적으로 그 일을 수행하는 것이 상사의 테스트에 합격하는 길이다.

승진할수록 전문성을 주변 영역으로 확대하라. 전체를 조망하기 위해서는 종합적인 사고가 필요하므로 전공 이외의 분야에서 풍부한 지식을 쌓아야 한다. 인문학, 역사, 철학, 과학, 심리학, 예술에서 통찰력을 기르도록 하자.

특히 회사에서는 심리학을 공부하면 큰 도움이 된다. 회사에서는 인간관계가 중요하고 심리 전쟁이 많이 일어나므로, 심리학 지식은 아주 유리한 고지를 점령할 수 있다.

2) 일에서는 세 사람만 만족시켜라 그러나...

고용된 노동자가 전문성을 인정받을 수 있는 시기는 입사부터 시작해 과장, 차장급이 되기까지의 약 10년 정도의 기간이다.

그러면 당신은 업무에서 어느 정도의 전문성을 확보해야 할까?

조금 과장해서 말하면, 기네스북에 올리기 위해 인간관계는 무시하고 미친 듯이 신기록만 세울 것인가, 아니면 일뿐만 아니라 인간관계도 신경쓰고 관리능력도 기를 것인가?

현실적으로 조직에 맞는 것은 후자이다.

물론 기네스북에 올라가 화제가 되는 것도 하나의 방법이겠지만 1회성으로 끝나고 지속적이 아니면 의미는 없다.

한국 기업에서 전문성에만 치중하다가 관리능력을 잃은 과장은 전문성보다는 관리능력을 갖춘 과장보다 사랑받지 못한다.

회사에서 전문성은 다음 세 사람만 만족시키면 된다.

상사 : 당신의 주장을 납득시킬 수 있어야 한다.
동기 : 동기들에게 뒤지지 않아야 한다.
후배 : 후배들에게 지도해줄 수준이 되어야 한다.

그러나 자기에게 만족하지는 마라. 영국의 팝그룹 롤링스톤스의 팝송 satisfaction의 가사처럼 끊임없이 노력하라.

그러면 나(윤경환)의 회사 생활은 어땠는가?

코오롱 중앙기술원에 있던 2006년, 미지의 시료를 분석할 일이 생겼다. 그 분석은 결코 쉽지 않았지만, 나는 1주일 만에 그 시료를 구성하는 물질들이 무엇인지 모두 밝혀냈다.

분석팀장은 정확성을 기하기 위해 그 시료를 일본 굴지의 분석화학 연구소인 TRC로 보냈다. 한 달 후, 무려 850만원의 분석 비용을 들여서 얻은 결과는 내가 얻은 결과와 동일했다.

이에 충격을 받은 TRC가 먼저 분석팀에 업무 협조를 제의했고, 이로써 나는 중앙기술원 최고의 전문가로 공인 받았다.

그러나 나는 결코 대한민국 혹은 세계 최고의 화학 분석 전문가가 될 생각은 없다. 최고보다는 전문성을 갖추면서 관리자를 희망하기에 회사에서 관리능력도 같이 성장시키고자 한다.

3) 회사에서 공부방법은 학교와는 다르다

어떻게 전문성을 키울까. 대답은 많이 있겠지만 역시 <u>공부를 빼</u><u>놓을 수 없다.</u> 요즘 '샐러던트'라는 신조어가 보여주듯이 공부하는 직장인들이 부쩍 늘었다. 밀려나지 않기 위해 타의에 의해 공부하는 경우도 많은데 중요한 점은 일과 공부가 별개가 되어서는 안된다는 점이다. 또 날로 상승하는 '학력 인플레 시대'에 남과 차별화 될 수 있는 것은 실제의 실력이다.

전문성을 확보하는 구체적인 방법에 대해서 생각해보자.

당신이 새로운 부서, 예컨대 '타이어 코드'라는 매우 생소한 사업부에 배치 받았다 하자. 이때 당신은 다음 세 가지 루트를 통해 이 사업에 대한 정보를 획득할 수 있다.

첫째 : 개인적인 경험

둘째 : 세미나, 선배들과의 상담

셋째 : 문헌

경험이 없는 새내기 사원이라면 경험을 빨리 쌓는 것을 최대 목표로 삼아야 한다. 회사에서 경험은 대단히 중요하다. 나이가 어리더라도 경험이 더 많으면 회사에서는 당연히 선배다.

둘째 루트. 선배들과의 상담을 위해서는 친화력을 길러야 한다. 친화력은 곧 인간적으로 가까워지고 같이 잘 놀아야 한다는 뜻이다. 평소에는 친하게 지내지 않다가 필요할 때만 선배를 찾는다면 누구도 환영하지 않을 것이다.

이 둘째 루트를 통해 타이어 코드에 대해 대충 알게 된 후에는 셋째 루트인 문헌을 통해 심화된 지식을 습득해야 한다. 우선 개론을 공부하고 그 다음에 최신 자료를 공부한다.

최신 자료에는 다음 두 종류가 있다.

첫째는 '시장'에 관련된 전문 자료이다. 이 자료들을 읽고 사업 분야의 전반에 대해 이해하도록 한다.

둘째는 기술에 관련된 논문과 특허다. 기술 개발의 속도는 날이 갈수록 빨라지고 있다. 따라서 항상 최신 기술을 팔로우업(follow-up)해야 하는데, 그 방법에는 논문과 특허만한 것이 없다.

다만 회사는 학교와는 달리 논문보다 특허가 중요하다. 이미 다른 회사에서 특허를 냈다면, 특허가 만료될 때까지 기다리거나 아니면 특허를 회피하는 방법을 추가로 연구해야 한다.

회사에서의 특허 침해 문제는 회사의 운명을 가를 수도 있으니 매우 주의해야 한다.

4) 승진할수록 사람에게 배워라

승진할수록 공부는 책뿐 아니라 사람들에게서 배워야 한다.

정종헌 매일유업 사장은 원래 축산농가 관리직 사원으로 입사했다. 그런데 그는 농가 관리보다는 공장 근무가 더 비전 있는 일이라고 생각했다. 그래서 그는 공장의 기계들에 대해 열심히 공부했고 마침내 공장 기술자가 되었다. 그 다음에는 더 열심히 공부해서 생산 관리자로 승진했고, 그러다 결국 사장이 되었다(문화일보, 2009년 6월 1일).

그가 공장기술자가 된 것은 기술에 관한 공부만으로 가능했을 것이다. 하지만 관리자와 사장이 되었을 때는 다른 공부, 즉 인간에 대한 공부를 했을 것이다. 인간심리, 사람을 다루는 기술, 커뮤니케이션 등등.

책을 보고 '아하!'하고 깨달을 뿐 아니라 실제로 현장에서 직원들과 같이 어울려 놀아야지(즉 실천에서 써먹어야지), 당신은 직원들을 이해하게 되고 직원들도 당신을 따르게 된다.

학회와 같은 외부 세미나에 참여할 때도 공부만 하지 말고 사람들과 잘 어울리고 잘 놀아야 한다. 결국 인맥이라는 상투적인 단어로 귀결되지만, 바람직한 것은 인맥이라는 업무적인 관계를 넘어서 그 관계를 친구로까지 승화시키는 것이다.

중국 전국시대 말엽 조나라에는 조괄이라는 장수가 있었다. 그는 병법을 매우 열심히 공부해서 천하명장이라는 아버지 조사보다도 더 뛰어난 전문지식을 인정받았다. 하지만 그는 사람들에게 교만했고, 실제로 사람들을 지휘해본 적이 없었다. 결국 어쩌다 조나라 총사령관에 올랐지만, 그는 병사들과 교감하지 못하고 방황하다가 40만 대군과 함께 전사했다.

조괄은 분명히 제대로 노는 사람이 아니었을 것이다. 잘 노는 사람은 여유가 있고 낭만이 있고, 자기 나름대로의 철학과 개성이 있다. 남들 머리 꼭대기에 앉으려 하거나, 혹은 단순 모방이나 아류가 되는 것은 전문가의 모습이 아니다.

5) 업그레이드 시키고 희소가치 찾는 법

택시 기사들은 하루 종일 운전을 하지만 그들을 전문가라고 칭하지는 않는다. 물론 택시가 처음 나왔을 때는 희소가치가 있었기에 많은 사람들이 부러워하는 전문 직업이었다. 하지만 지금 택시기사는 힘들고 어려운 3D 직업이다.

그럼 택시 기사가 이직을 하지 않고 전문가가 되는 방법은?

택시를 업그레이드시켜 가치를 높이는 것이다. 단순히 손님을 이동시키는 기능에서 벗어나, 노래하는 택시기사, 택시 음악실, 택시 영화관 등 아이디어는 많다. 실제로 일본의 한 택시 기사는 최고급 오디오로 재즈를 틀어주어 성공했다고 한다.

이를 전문용어로 표현하면 '당신의 일이 전문성이 없을 때는 아이덴티티를 부여하여 차별화 하라'.

희소성에 대해 생각해 보자.

네잎 클로버는 자연계의 돌연변이다. 하지만 사람들은 그 희소성 때문에 네잎 클로버에 '행운'이라는 의미를 부여했고, 네잎 클로버를 찾으면 그렇게 좋아한다.

당신 직종에서도 희소가치가 있는 분야가 분명히 있다. 그것에 의미를 부여하고 그것을 찾아라.

총무부는 두루뭉술하게 여러 가지 일을 하므로 전문성을 살리기 어렵다. 총무부의 업무는 회사 운영에 필요한 전반적인 업무들, 즉 자산관리(건물, 비품), 문서관리, 노무관리, 행사관리, 사고처리 등을 포괄한다. 이때 전체 업무도 수행하면서 특정 업무에 대해 전문가적인 자질을 길러두는 것이 나중에 도움이 된다.

예를 들어 전체 업무도 하면서 특히 이벤트전문가 뺨치는 이벤트 실무와 이론에 능하다든지, 여행전문가가 되어 사내 행사에서 큰 역할을 한다면, 바로 총무부에서 희소성을 살리는 것이다.

6) 퇴사 후 전문성 활용방법

회사에서 오래 일하고 퇴사했을 때 전문직이 아니라면 그동안의 경력이 무용지물이 된다는 견해가 있다. 설마 그대가 생각하는 전문직은 변호사, 의사는 아니겠지?

아니 표정이 왜 그러나? 한달 내내 우울하다가 월급날만 기분좋은 사람처럼.

자기 분야와 연계성을 찾아보면 유사한 업무는 무궁무진하다.

퇴사후, 자기 분야에서 활동하는 예를 들어볼까. 전문성을 살릴 길이 없다는 은행원이 퇴사했다고 하자. 사고를 조금 유연하게 하면 답이 보인다.

그는 금융관련업인 증권, 보험업계로 진출할 수도 있다. 또 은행권 전문 헤드헌터를 생각해 볼 수도 있고, 은행 상품 개발을 하는 전문가, 재무 설계사, 재무컨설턴트, 신용관련 업무, 금융자산 관리사, 간접투자 상담사, 경제 칼럼니스트 등 생각하기에 따라 파생 업무는 많다. 유사한 업무로 확장해서 생각하면 전문성을 활용하는 방법은 무궁무진해진다.

3장. 창의성 : 의심하고, 부정하고, 다르게 하라

우리는 사람들이 미친 짓이라고 하는 것을 해야 한다. 좋은 것은 다른 사람들이 이미 하고 있다

- 캐논 CEO, 하지메 미타라이

대기업의 인재상을 조사해 보면, 가장 많이 나오는 것 중 빠지지 않는 것이 창의성이다. 삼성전자, 현대자동차 등 많은 기업들이 창의성을 중요한 인재상의 하나로 보았다.

영향력 있는 경영대가인 런던비즈니스 스쿨의 개리 하멜 교수는 지금 세계는 '지식 기반 경제'에서 '창의성 기반 경제'로 가고 있다고 했다. 구글이 창업 10년 만에 시가총액 1천 4백억 달러가 넘게 성장한 이유도 창의성 때문이라는 것이다.

하멜 교수는 창의성에 대해 이렇게 말했다.

"크리에이터가 되려면 깊은 공감 능력을 갖추고, 너무 미래를 생각하기보다는 현재에 집중해 타인과 다른 시각으로 봐야 한다."

창의성과 반대되는 말은 무엇일까? 기계적?

내 사전에 창의성과 반대되는 말은 '스펙'이다.

지금부터 그 이유를 설명하겠다. 요즘은 '스펙'이라는 단어로 사람을 평가하는데 spec의 원래단어는 specification(설명서, 사양

(仕樣))이다.

나(김율도)는 이 말을 듣고 심히 세태를 우려하게 되었다. 나는 한 때 컴퓨터 대리점을 했을 때 스펙이라는 단어를 자주 접했다. 그런데 기계의 자세한 부품 사양을 설명할 때 쓰는 이 단어가 요즘은 사람에게 쓰이니 깜짝 놀라지 않을 수 없다. 이는 사람을 기계로 여기겠다는 것이다. 그런 의미에서 스펙은 창의성과 반대되는 단어이고, 스펙만을 중요시한다면 스스로 창의성 없는 기계가 되겠다는 뜻이 된다.

1) 회사는 자기식대로 하는 사람을 좋아한다

회사에서의 창의성은 아무도 모르던 것을 툭 하고 꺼내는 것이 아니다. 기존에 있던 무엇인가를 '발전'시키는 정도로도 충분하다. 그 정도가 1이면 그냥 개선 정도로 간주되지만, 발전의 정도가 2나 3이 되면 혁신으로 간주된다.

<u>회사는 시키는 대로만 하는 무사안일주의보다는 새로운 방법을 연구하여 실험하는 사람을 좋아한다.</u>

나(윤경환)의 경우, 회사에서 기기가 고장 나서 AS를 요청하면, 기기 회사의 엔지니어가 부품을 교체하고 부품비와 출장비를 청구한다. 이때 나는 수리 방법을 눈여겨 본 후 다음에는 부품만 주문함으로써 수리비를 반으로 줄였다. 이 정도면 '개선'이다.

그런데 나는 그 비싼 부품 대신 전혀 다른 용도로 사용되는 어느 저렴한 부품을 사용해도 된다는 사실을 알아냈다. 그래서 나는 다음에는 그 부품을 주문함으로써 수리비를 10분의 1로 줄였다. 이러면 '혁신'이 된다.

회사에서는 시키는 과제만 곧이곧대로 한다고 유능한 사원이 되는 것이 아니라, 주어진 과제를 효율적으로 완성하고 새로운 일까지 생각하는 사원이 유능한 사원이다.

이처럼 남과 다르게 하면 직장에서 성공할 수 있다는 것은 어떤 원리인가. 그것은 우리의 주입식 교육에 그 해답이 있다. 학력은 높지만 천편일률적인 교육으로 모두 같은 생각일 때 조금만 다르게 하면 쉽게 인정받는 것이다.

보고서를 쓸 때도, 프레젠테이션을 할 때도, 자기만의 독특한 방법으로 시도하라. 남과 조금 다른 아이디어는 봉이 김선달의 현대판 '대동강 물'이다.

2) 다른 분야를 제대로 경험하라

그러면 어떻게 창의적인 발상을 할 것인가.

2009년 경영학자 윌리엄 매덕스 교수는 20여명의 학생들에게 세 가지 과제를 주고 문제를 해결하는 창의성을 측정했는데, 그 결과가 참으로 흥미롭다.[6]

그에 의하면 해외를 단순히 여행한 사람들은 그다지 창의성이

---

6) Maddux, W.W.; Galinsky, A.D. *Journal of Personality and Social Psychology*, **2009**, *96(5)*, 1047-1061.

뛰어나지 않았던 반면, 해외에서 살아본 사람들은 창의성이 뛰어났다고 한다. 굳이 해외 거주 경험일 필요는 없다. 그보다는 포괄적으로 말해서 '무엇인가 다른 분야'에서 '제대로 된 경험'을 쌓아야 한다는 얘기다.

즉, 주업무 이외의 분야에서 깊게 파고든 경험을 가져야 한다. 다른 분야에서 문제를 해결하는 과정은 주 업무에서 문제를 해결하는 과정과 다르다. 따라서 당신은 문제를 접하고 해결하는 두 가지 방법을 배우게 된다.

일본의 소니가 경쟁에서 밀린 가장 큰 이유는, 광학사업부는 광학 관련 사업만 생각하고, 전자 관련 부서는 전자 관련 업무만 생각하는 관행 때문이었다.

창의성 훈련의 구체적인 방법은 전공에 사용하는 두뇌와 반대되는 두뇌를 자극하는 것이다.

2009년, 심리학자 박소희 교수는 클래식 음악 전공자 20명과 비전공자 20명을 대상으로 일상생활에서의 창의성 테스트를 해보았다. 짐작하는 대로 음악 전공자들의 창의성이 더 높았다. 그런데 이는 그들이 예술에 종사하기 때문이 아니라, 악보를 보는 훈련을 통해 좌뇌를, 연주를 통해 우뇌를 모두 잘 발달시켰기 때문이다.[7]

보통 좌뇌는 이공계, 우뇌는 인문 예술계라고 한다. 따라서 당신이 이공계 출신이라면 우뇌를, 인문계 출신이라면 좌뇌를 자극해야 한다. 어떻게? 이공계는 인문학적 경험을 하고(서적, 전시회,

---

7) Gibson, C.; Folley, B.S.; Park, S. Brain and Cognition, 2009, 69(1), 162-169

예술활동 등), 인문계는 과학을 공부하는 것이다.

역사에 이름을 남긴 많은 군인들은 인문학적 소양이 풍부했고, 그 자신이 학자나 예술가인 경우도 적지 않았다(알렉산더, 조조, 오다 노부나가, 웰링턴, 마샬, 모택동 등등).

회사 실무에서도 특정한 한 가지 학문만으로는 아쉬운 경우가 빈번하다.

예를 들어 나(김율도)는 문과 출신이지만 네이밍 업무를 할 때 전자제품이나 화학 산업재의 이름을 지어야 할 경우도 만난다. 이럴 때는 제품의 작동 원리나 화학 반응식 등 기본적인 이과적인 원리를 알아야 콘셉트와 방향을 설정할 수 있다.

다행히 나는 다양한 경험을 했기에 이런 업무에 강하다. 문학, 방송 작가, 광고 카피라이터, 이벤트 학원 운영, 출판기획, 멀티미디어 기획 뿐 아니라 컴퓨터 관련 일도 했기에 다양한 업종의 브랜드 네이밍을 쉽게 적응하고 전문가다운 안목으로 진행하는 방법을 알고있다.

나(윤경환)는 화학을 전공했지만 남들이 보기에 이상할 정도로 음악과 역사에 천착한다. 이는 화학이 문제를 해결하는 과정과 음악이 문제를 해결하는 과정, 또 역사 연구가 문제를 해결하는 과정이 모두 다르기 때문이다. 그는 그 차이점을 이해하고 각각의 방법론을 체득하기 위해 노력한다. 바로 그런 점이 항상 창의성의 결과로 나타나고 있고 말이다.

다른 분야를 공부하는 것은 애플의 스티브 잡스가 말한 '관련사고(associational thinking)'에 큰 도움이 된다. 전혀 다른 것을 연결하여 창의성을 발휘하는 것이다. 예를 들면 〈감기약과 명화〉, 〈냉장고와 반 고호〉, 〈전화와 카메라〉를 연결 지어 탄생한 제품이 무엇인지 당신은 알 것이다.

요즘 들어와서 점점 이과와 문과의 경계가 무너지고 있다. 이러한 추세는 더욱 가속화 될 것이니 이에 대비하는 것이 좋다.

일본의 혁명가 오다 노부나가는 창의력이 뛰어난 인물이다.

청소년 시절의 오다 노부나가는 전쟁터가 아니라 거리에서 살았다. 그는 나고야의 상인들 속에서 무역을 공부했다. 또 그는 총을 좋아했다. 당시 전투에서 주무기는 활과 창이었지만, 그는 총에 매료되어 총을 분해조립하며 그 구조를 철저히 연구했다. 그리고 그는 연극과 노래를 무척 좋아했다. 즉 그는 좌뇌와 우뇌를 모두 발달시킨 사람이었다.

1574년, 가이 지방의 명장 다케다 가쓰요리가 2만 명의 기병대를 이끌고 노부나가를 공격했다. 그러나 노부나가는 가쓰요리를 내버려 두었다. 가이 지방은 인구가 적고 경제력이 약하기 때문에, 가쓰요리가 설칠수록 가이의 경제가 파탄난다는 사실을 알고 있었기 때문이다.

정말로 가이의 경제가 무너지자 가쓰요리는 한 번의 '결전'에 운명을 걸어야 했다. 노부나가는 이 결전에 응했다. 우선 자신이 사귀어둔 무역상들을 통해 3천 정의 조총을 구입했다.

함께 전장에 나가는 노부나가의 사돈이며 동맹인 도쿠가와 이에야스는 그를 이해할 수 없었다. 조총은 사정거리가 90미터밖에 안 되고, 한 발 쏘면 재장전에 1분이나 걸리는 무기였다. 따라서 사수가 기병과 1대 1로 싸울 경우 이길 수 있는 확률은 매우 낮았다.

노부나가는 1575년, 가쓰요리의 기병대와 결전을 벌였다. 가쓰요리는 기병 1천 명이 동시에 달릴 수 있는 평야에 진을 친 노부나가가 미친 것이 틀림없다고 생각했다. 그는 마음 놓고 기병을 2천 명씩 나누어 차례로 돌격시켰다. 어떻게 되었을까?

이 전투는 조총의 생리에 대해 철저하게 공부한 노부나가의 압승으로 끝났고, 노부나가는 일본의 패권자가 되었다.

오다 노부나가의 전투 계획은 다음과 같았다.

첫째, 총알이 목표를 빗나가도 다른 목표에 맞을 수 있도록 다수 기병의 돌격을 유도한다.

둘째, 우리 조총이 3천 정이니 이를 세 팀으로 나누어서 차례로 쏘면 20초 간격으로 1천 발의 총알을 끊임없이 쏟아 부을 수 있다.

셋째, 따라서 나무 목책을 여럿 세워서 적 기병의 장점인 속도를 감속시켜야 한다.

그는 기존 조총이 가지고 있는 장점을 극대화하고 약점을 줄이는 '혁신'을 시도했을 뿐이다. 그 혁신이 어디서 나왔느냐? 두말할 나위 없이 다른 분야에서 얻은 제대로 된 경험과 인맥이다.

3) 불편함을 개선하라

발명의 역사를 보면, 대부분의 발명품은 불편함에서 출발했다.

안전 면도날은 면도할 때 살을 베는 불편함을 해소하기 위해,

수정액은 볼펜 자국을 지우개로 지울 수 없는 불편을 하얗게 덧칠한다는 역발상으로부터 탄생했다.

적극적인 사람은 불편함을 창조의 기회로 삼는 반면, 소극적인 사람은 불편한 것을 불평하거나 피하려는 기질이 있다.

기업에서도 불편한 것을 개선하여 창조적으로 연결하는 사람이 유능하다는 말을 듣는다.

나(윤경환)는 개선에 관해서 사내 게시판을 잘 활용했고, '개선 제안 보상'이 제도화되었을 때는 그것으로 용돈벌이를 할 수 있을 정도로 무수한 개선 제안을 쏟아냈다. 또 항상 불만 사항과 개선 방법을 가슴에 품고 있다가, 고위층 사람을 만날 일이 있으면 기회를 놓치지 않고 그런 안건을 건의했다.

4) 너에게 수류탄을 던져라

꾸준히 일하다보면 창의성이 생긴다는 학설도 있지만, 창의성을 향상시키는 가장 좋은 방법은 나 자신을 공격하는 것이다.

회사에서 스스로를 깨지 못하고, 자기만의 생각에 갇혀 신기술에 적응하지 못하여 간부들이 옷을 벗는 경우도 낡은 나 자신을 공격하지 못했기 때문이다.

새로운 사고를 위해서는 당신 자신에게 수류탄을 던져야 한다. 당신의 낡은 사고를 부수고 새로운 사고를 해야 한다.

낡은 관념을 깨는 예로 카피라이터 입사 시험을 보자.

"10원짜리 동전으로 만들 수 있는 것 10가지 이상을 써라."

이 문제는, 동전은 화폐의 단위라는 고정관념을 깨고 새롭게 탄생한 동전의 용도를 재정의 하는 창의성을 알아보기 위한 문제이다. 내(김율도)가 생각한 답은 이 장의 끝인 63쪽에 있다. 당신도 직접 생각해 보기 바란다.

5) 창의성을 높이는 8가지 방법

다음은 2009년 '뉴사이언티스트'에 실린 개인의 창의력을 높이는 8가지 방법이니 연습해 보자. 여기에는 앞에서 설명한 것과 중복되는 내용도 있다.[8]

① Embrace your inner grouch(불평하라).

② Let your mind wander(릴렉스).

③ Play the piano(피아노를 연주하라. 곧 양손을 써라).

④ Colour your world blue(파란 색을 애용한다).

⑤ Seek out creative company(창조적인 사람을 사귄다).

⑥ Live abroad(외국에서 살아라).

⑦ Be more playful(더 즐기며 놀아라).

⑧ Raise a glass(폭음은 하지 말되 술을 마셔라).

---

8) Motluk, A. *New Scientist*, **2009**, *202(2707)*, 32-32

6) 창의적 생각이 안 나면 '딴짓'을 하든지 놀아라

위 ⑦번에 대해서 더 자세히 생각해 보자. 아무리 생각해도 창의적인 생각이 떠오르지 않을 때는 쉬거나 놀아라. 쥐어짜기만 하고 쉬지 않으면 머리가 터진다.

쉬거나 놀면 저 밑바닥에 있는 잠재의식이 서서히 올라와 불현듯 아하! 하고 떠오르는 것이 있을 것이다.

아르키메데스가 '유레카!' 하며 부력을 발견한 것은 연구할 때가 아니고 쉬면서 목욕할 때였다. 에디슨은 그 자신의 결혼식 피로연 도중 불현듯 아이디어가 떠올라 연구실로 달아나기도 했다.

진정 획기적인 아이디어들은 쉬거나 놀 때 떠올랐다. 지금은 '일하면서 싸우고 싸우면서 일하는' 시대가 아니다. 쉬지 않고 일만 하다가 배터리가 방전되면 큰일 난다.

인간에 대한 통찰력이 풍부한 구글은 개인의 업무 시간 중 20%(일주일에 하루)는 현재 수행하는 프로젝트와 관련 없는 연구개발(R&D)에 쓰도록 허용하여 승승장구하고 있다. 구글은 회사 전체적으로 7대 2대 1의 비율을 지킨다. 즉 회사 역량의 7을 핵심 비즈니스에, 2를 재투자에, 1을 완전히 새로운 생각에 투입한다.

창조적 휴식의 구체적인 방법 중 하나로 '먼 산 바라보며 멍하게 앉아 있기'를 소개한다.

표현을 이렇게 했지만 이는 명상 차원으로 들어가는 것이다. 명상은 생각을 최대한 가볍게 하고, 잡념과 걱정을 버린 편안한 상태이다. 너무 많은 생각을 할 때는 싹 비우고 다시 시작하는 것도 하나의 방법이다.

이는 과학적으로도 입증되었다. 즉 멍하게 있을 때 두뇌를 스캔해보니, 문제 해결방안을 담당하는 전두엽 부분이 활발하게 움직이고 있었다는 것이다.

곧 두뇌는 단순히 쉬는 것이 아니라 잠재의식 깊이 들어가, 장기 기억을 정리하고 문제 해결 방안을 찾아내는 활동을 했다는 얘기다.

일을 하는 중에도 가끔 멍해질 때가 있다. 이때는 너무 일을 했기에 신체가 자동으로 휴식을 취하는 불수의 운동이라고 생각하라. 이때를 좋은 기회라고 생각하고, 일을 멈추고 그 멍한 상태를 더욱 지속시켜라. 그리하면 좋은 아이디어를 얻을 것이다.

----

61 쪽의 동전 퀴즈에 대해 나(김율도)는 8가지를 생각했다. 나머지 2가지는 당신이 직접 써보라.

① 구멍을 뚫어 목걸이를 만든다.
② 수술을 달아 제기를 만든다.
③ 구멍을 두 개 뚫어 단추를 만든다.
④ 모자에 붙여 장식용으로 쓴다.
⑤ 손잡이를 붙여 다보탑이나 숫자 도장을 만든다.
⑥ 동전 5개를 붙여 올림픽 상징마크를 만든다.
⑦ 타악기로 사용한다.
⑧ 동전 두 개를 붙여 요요를 만든다.

4장. 책임감 : '오빠가 책임질게' 정신이면 다 이룬다

그대의 것이 아니거든 보지를 말라
그대의 마음을 흔드는 것이라면 보지를 말라
그래도 강하게 덤비거든 그 마음을 힘차게 불러 일으켜라
사랑은 사랑하는 자에게 찾아갈 것이다

- 괴테의 '파우스트'에서

한국 남성들은 여성에 대한 책임감만은 세계 제일이다.
'오빠가 책임질게, 오빠 못 믿어?' 하며 한 여성의 일생을 책임지겠
다는 한국 남성들의 정신을 업무에도 적용하면 얼마나 좋을까.

서구사회에는 '오빠가 책임진다'는 개념이 없다. 한국 남성의
이러한 말은 전통적인 남자다움 혹은 마초스러움을 표현하는 말일
수도 있겠고 근본적으로는 그가 그 여성을 좋아하기 때문이다.

당신도 업무를 좋아하고 사랑한다면, 책임감이 생기게 된다.

1) 책임감이란 논쟁하고 실수를 책임지는 것이다

직장인에게 책임감은 무엇인가.

상식적으로 알고 있는 대로라면 '자기가 맡은 일에 대해서 의무
감을 가지고 끝까지 수행하고, 상사들의 지시에 잘 따르고 회사일
이 인생의 전부라고 생각하는 것'이다.

그러나 너무 모범답안이라 좀 시시하다.

책임감에 대한 새로운 정의를 제시하겠다.

옳다고 생각되면 상사에게 건의하고 논쟁도 할 수 있는 사람이 책임감 있는 직장인이다. 그리고 잘못을 했을 때는 그 상황을 피하고 모면하기보다는, 솔직하게 잘못을 인정하는 사람이 책임감 있는 사람이다. 상사도 건설적인 제안을 하며 의견을 제시하는 사람에게 더 호감을 갖는다.

회사를 유지하는 데는 맡은 일만 열심히 하면 되지만 회사를 발전시키려면 맡은 일에 대해 건의하고 질문하고 고찰해 봐야 한다.

나(김율도)는 체계적인 컴퓨터 지식도 없이 어설픈 경험으로 컴퓨터 판매, AS 회사를 차린 적이 있다.

어느날, 내 초보 실력으로는 고쳐지지 않는 AS 건이 들어왔다. 약속대로 내일까지 고쳐주어야 하는데 시간은 흐르고 해결의 기미가 보이지 않았다. 못 고치겠다며 다시 갖다 주면 간단하게 해결될 일이었다. 하지만 나는 궁리 끝에 다른 AS 업체를 불러 해결했다. 그 기사가 고치는 것을 옆에서 보면서 묻고 새로운 지식을 배웠다. 돈도 더 들어가고 AS 회사가 다른 AS 회사를 부른 아이러니는 웃을 일이지만 책임감이라는 것은 자신의 실수나 단점을 이처럼 회피하지 않고 책임을 지는 것이다.

회사에서 책임감은 동양과 서양에서 조금씩 다르게 나타난다.

대부분의 서양 기업에서는 업무 담당자의 권한과 책임이 크다.

결정도 스스로 하고 이에 대한 책임도 본인이 진다. 반면 한국을 비롯한 동양의 기업에서는 담당자의 권한과 책임은 작은 반면, 업무와 직접 관련이 없는 상사의 권한과 책임이 더 크다. 따라서 부하 직원은 실수를 해도 시말서로 끝나지만, 상사는 단지 관리자라는 이유로 큰 책임을 진다. 인간적인 유대관계와 상하관계를 중요시하고, 아래 사람은 윗사람의 소유라는 유교 사상이 기업에서도 적용되는 것이다.

요약하면 책임감에 대해서 서양에서는 결과를 중시하지만, 동양에서는 관계를 중시한다.

그래서 한국 회사에서 상사는 부하 직원의 독단적이고 개인적인 행동을 생태적으로 싫어하는 것이다. '부하직원을 어떻게 관리했기에 그 모양이냐'는 비난의 화살이 상사인 자신에게 돌아오기 때문이다.

그러나 다시 생각해 봐야 한다. 상사가 시킨 일은 좋은 결과가 나오든 나쁜 결과가 나오든 모두 상사의 책임일까? 이제는 영업, 전문직을 넘어 전 분야에서 개인의 역량이 점차 중요해지므로, 자신이 책임진다는 정신으로 최선을 다해야 하는 시대이다.

2) 아무도 신경쓰지 않는 일을 하라

미국의 사회심리학자 스탠리 밀그램의 실험에 의하면, 인간은 기본적으로 권위에 약하고 시키는 일은 잘하게 되어 있다고 한다. 그의 유명한 전기의자 실험이 이를 잘 말해 준다. 이러한

보편성을 이겨야 당신은 우수한 인재가 될 수 있다.[9]

당신 부서에는 많은 사람들이 있다. 그들은 각기 자기 일만 하는 것처럼 보이지만 사실 그 일들은 모두 서로 연관되어 있다. 그래서 한 사람의 업무가 제대로 이루어지지 못하면 다른 사람의 업무도 차질을 빚게 된다.

그런데 업무 뿐 아니라 누구도 책임질 의무가 없지만 누군가는 해야 하는 일이라면 어떤가? 그것들은 언젠가는 참다못한(혹은 자신의 상사에게 지적받고) 팀장이 지시할 일들이다. 그것을 당신이 미리 나서서 해결한다면? 당연히 당신은 팀장의 주목을 받는다.

내(윤경환)가 중앙기술원에 처음 들어갔을 때 소속팀의 20여 대의 분석기기 중 절반 가까이는 노후하여 사용하기도 힘들었다. 이 기기들을 분류하고 안내판을 재설치하는 것은 누구의 몫도 아니다. 굳이 따지자면 팀장의 몫일 수도 있지만 사실 팀장의 업무에도 이와 관련된 것은 없다.

나(윤경환)도 역시 그냥 그렇거니 하고 안주해도 되었다. 그러나 나는 기기들을 분류해서 쓸 수 없는 것은 창고로 보내고 안내판을 새로 디자인하여 발주했다. 그리고 중구난방 흩어져 있던 기기들도 동선을 고려해서 재배치했다. 이로써 업무가 편해진 것은 물론이고 다른 사람들에게 나의 존재도 각인시킬 수 있었다.

---

9) 1960년대 초, 밀그램은 가짜 전기의자에 연기자를 앉혀두고 마치 전기에 감전된 것처럼 비명을 지르도록 실험을 설계했다. 그는 피실험자들을 모아 '내가 책임질테니 전기 충격을 가하라'고 지시했다. 사람들은 처음에는 주저했지만, 밀그램이 '내가 확실히 책임진다'고 말하자 연기자의 비명 소리에 아랑곳 않고 마구 전기 충격을 가했다

5장. 실천력 : 행동대장이 될 필요는 없다

1) 실천을 좋아하는 조직에서 지지않는 법

회사는 과정보다는 결과를 중시하는 조직이기에, 실천하는 사람을 더 좋아한다는 것이 사실이다. 기업의 대표가 꼽은 고액 연봉자의 조건 중 하나도, 많은 생각을 늘어놓기보다는 한 가지라도 제대로 실천하고 행동하는 사람이다.

우리 주변에는, 계획은 잘 세우는데 실천력이 약한 사람(햄릿)이 있는 반면, 계획은 없지만 무조건 저지르고 보는 사람(돈키호테)도 있다. 그러나 어떤 사람이 더 우위에 있는 것이 아니라 각자에게 장단점이 있다.

행동하는 사람이 환영받는다고 해서 항상 행동대장처럼 나설 필요는 없다. 비유가 조금 이상할 지 몰라도 그것은 조폭의 행동대장처럼 보일 수 있기 때문이다.

당신이 아이디어는 냈지만 여러 가지 이유로 실행을 하지 못한 경우, 마냥 패배자에 머물러야 할까? 과정보다 결과만 중요시하는 사회에서 지지않는 법을 소개하겠다.

첫째, 어떻게든 그 실행에 한 몫 끼어야 한다. 말석으로라도 실행팀에 끼고, 이도 여의치 않으면 자문으로라도 끼어든다. 비록 조그만 일을 했더라도 이름이 문서상에 들어가야 나중에 정당하게 상을 받을 수 있다.

둘째, 실행이 아니라 아이디어가 중요한 직종, 즉 아이디어를 콘텐츠로 삼는 직종(자문, 상담 등)이나 역할을 선택하라.

강사이자 저술가로 활동하던 어떤 사람도 유명세와 해외파 박사라는 학력 때문인지 한때 벤처기업의 CEO로 영입되어 갔지만 회사는 부도나고 결국 성공하지 못했다. 그러나 다시 본연의 1인 강의와 저술활동을 하니 성공적인 1인 기업의 모범 사례가 되었다. CEO가 아무리 화려해 보여도, 그에게는 사람들을 이끄는 CEO보다는 혼자 저술하고 강의하는 것이 자신에게 잘 맞았던 것이다. 결국 가장 잘 하는 일, 그렇게 혼자 하는 일로 성공하면 된다. 사람을 이끌거나 추진하는 능력이 없는데 굳이 CEO를 할 필요는 없는 것이다.

또 아이디어를 특허로 보호받음으로써 지적재산을 이용한 수익을 창출할 수도 있다. 최근에는 이른바 '특허괴물'로 불리는 회사들이 산업계의 다크호스로 떠오르고 있다. 인터랙추얼벤처나 NTP 같은 회사들은 대학 교수들의 연구 아이디어나 파산한 회사의 특허를 사들인 후, 이 특허를 조금이라도 침해하는 제조업체들에 천문학적 금액의 소송을 걸어 합의금을 받아낸다. 당신도 아이디어를 이용해 돈을 벌려면 지적재산권에 대해 공부하면 된다.

결론은, 추진력이 부족하고 실천보다는 이론에 강한 사람은 이론을 연구하는 것도 실천이라 생각하며 자기가 강한 것을 하면 된다. 모두가 실천만 하는 동키호테라면 회사가 어떻게 되겠는가.

2) 실패를 즐기고 내 계획은 내가 실행한다.

어느 거래처를 뚫기로 했다면 당신이 달려가서 뚫어야 한다. 물론 그 행동의 책임도 당신이 져야 한다.

바로 이 점이, 아이디어를 내놓지 않으려는 이유이기도 하다. 괜히 시도했다가 실패의 책임을 지느니 그냥 팀장이 시키는 일만 해결하는 편이 안전해 보이기 때문이다.

당신은 보통 사람들의 그런 소심한 약점을 파고들어야 한다. 그렇게 안정적이어서는 비범한 실적을 세우지 못한다.

실패를 즐겨라.

나(김율도)는 사업에 실패했을 때 편도선도 붓고 허탈감에 한동안 기운이 없었지만 '실패란 실을 감을 때 쓰는 거'라는 유머로 위로를 삼으며 웃었다. 그리고 나는 능력이 뛰어나지만 상황이 맞지 않아서 어쩔 수 없었다, 고 생각을 하니 마음이 가벼워지고 곧 즐거운 마음이 되었다. 그 후로도 실패를 많이 했지만 배우기 위한 과정이라고 생각하니 실패가 지금의 나를 만들었다.

올바른 회사는 안정적이고 평범한 직원보다는 실패를 하더라도 도전 정신을 가지고 실천하는 낙천적인 직원을 좋아한다.

1898년 미국과 스페인 사이에 필리핀과 쿠바의 영유권을 두고 전쟁이 벌어졌다. 미국 해군이 쿠바의 산티아고 항구를 공격했을 때였다. 스페인 함대는 항구에 틀어박혀 도통 싸우러 나오지 않았다.

이때 미국 해군에 리치몬드 홉슨이라는 기관장교(배의 기관사 중 책임자)가 전투 병과가 아니었지만 작전 회의에서 이런 의견을 내놓았다.

"적들이 이대로 쿠바 항구에서 나오지 않을 셈이라면, 아예 항구 입구에다 폐선을 가라앉혀서 적들을 가두어버리지요?"

마치 아산만의 '정주영 공법'을 연상시키는 이 작전은 누가 실행했을까? 홉슨 그 자신이었다. 비록 작전은 실패로 돌아갔고 홉슨도 포로가 되었지만, 그는 일약 미국의 영웅으로 떠올라 훗날 명예훈장 수여와 함께 해군 제독으로 추서되었다.

3) 실천력을 높이는 방법

① Step by step 한 단계씩 밟고 올라서라.

실천력을 높이기 위해서는 실행 가능한 것부터 시도해야 한다. 게임 기획자가 어느 날 갑자기 초특급 게임을 개발하겠다고 해서 그런 게임을 개발할 수 있는 것은 아니다. 작은 게임부터 개발해서 경험을 쌓고 성공해야 더 큰 게임을 개발할 수 있다.

이렇게 단계별로 올라가다 보면 실력 이외에도 쌓이는 것이 있다. 바로 자신감이다.

처음부터 너무 원대한 목표를 정했다가 자꾸 실패하면 자신감을 잃고 실천력도 떨어지게 된다. 그러니 아주 간단한 일부터 시작해서 자신감을 얻고 조금씩 더 큰일을 하자.

② 상을 받아라

실천력을 높이는 또 하나의 방법은 각종 사내외 대회에 참여하여 상을 받는 것이다. 상을 받은 사람들은 자신감과 의욕이 넘쳐나 더욱 그 일에 정진하게 된다.

문인들의 대부분은 학창시절에 글쓰기로 많은 상을 받았다. 그 강렬한 기억 때문에 경제적인 보상이 크지 않은데도 평생에 걸쳐 그 가난하고 외로운 문학에 정진하는 것이다.

내(김율도)가 고등학교 졸업 후 대학 진학도 미루고 한동안 문학에 빠져 구도하듯이 시를 쓴 이유도 거창한 이유가 아니라 고등학교 때 교내외 백일장과 문학상에서 상을 거의 휩쓸다시피 했기 때문이었다. 상품이라고는 사전 한 권이나 노트 몇 권, 아예 상품이 없는 경우도 많았지만 그 의미는 물질로 가늠할 수 없다. 그 커다란 희열과 벅찬 감격이 나를 한동안 문학에 푹 빠지게 했고, 지금도 문학에 대한 열정을 버리지 못하고 있다.

회사 입장에서는 포상제도를 많이 만들수록 직원들의 실천력과 의욕을 높일 수 있다.

보상 원리는 실험으로도 입증되었다. 독일 막스플랑크 연구소의 플레겔 연구팀은 피실험자의 손가락에 전극을 붙인 후 앞뒤로 각각 다른 전압의 전류를 흘렸다.[10] 그리고 어느 쪽 전압이 더 높은지 물었다. 피실험자가 정답을 맞히면 더 높은 상금을 제시했다. 이때 보상을 많이 받은 사람일수록 도파민(쾌감을 느끼는 물

---

10) Pleger, B.; Ruff, C.C.; Blankenburg, F.; Klöppel, S.; Driver, J., et al. PLoS Biology, 2009, 7(7), e1000164

질)이 분비되어 더 정확하게 그 다음의 전압 차이를 알아맞혔다.

회사에서 포상제도를 잘 활용하면 상금, 상품, 유급휴가, 해외여행 뿐 아니라 호봉승급, 특진, 승진까지 가능한 경우도 있다.

상을 받을 수 있는 구체적인 방법을 알려주겠다.

어떤 상을 받고 싶다면 그 상을 받은 사람을 자세히 살펴보고 연구하라. 그가 낸 내용 뿐 아니라 그의 생활이나 습관도 유심히 살펴 그의 노하우를 훔쳐라. 이 절도 아닌 절도는 죄가 아니고, 저작권이 있는 것도 아니고 오히려 권장 사항이니 얼마든지 훔쳐라.

그리고 심사위원이 누군지도 파악하여 수상작의 흐름을 알아두는 것도 좋다.

상을 타는 것은 어느 정도는 운도 작용한다.

수많은 신춘문예 응모와 네이밍 심사를 한 나(김율도)의 경험상 일정한 수준에 오른 작품은 최종에서 심사위원의 재량에 따라 운이 작용한다. 그런 의미에서 상복이 없다는 말은 어느 정도 맞는 말이다. 그러니까 한 번 시도했다가 상을 못 탔다고 포기하지 말고 10번 이상은 시도해 보라. 나(김율도)도 신춘문예 최종심에서 10번 이상은 떨어진 후 당선되었다. 공부에도 방법이 있듯이 상을 타는 것도 방법이 있다.

일상생활에서는 상사로부터 칭찬받을 만한 일을 골라 하면 된다. 아니, 누구에게나 칭찬받을 만한 일을 하면 되는 것이다. 사소한 회의에서도 철저한 준비로 감탄을 불러일으키면 되는 것이다.

상도 받다보면 중독되는데 이러한 중독은 자기를 발전시키는 좋은 중독이니 얼마든지 빠져도 된다.

6장. 끈기 : 끈질김 하나면 CEO도 된다

저것은 벽
어쩔 수 없는 벽이라고 우리가 느낄 때
그때
담쟁이는 말없이 그 벽을 오른다.
물 한 방울 없고 씨앗 한 톨 살아남을 수 없는
저것은 절망의 벽이라고 말할 때
담쟁이는 서두르지 않고 앞으로 나아간다
한 뼘이라도 꼭 여럿이 함께 손을 잡고 올라간다

- 도종환의 '담쟁이' 중에서

한국경제신문이 우리나라 직장인 103만여 명을 대상으로 '좋아하는 시'에 대한 설문 조사를 한 결과, 10위 안에 든 시에는 도종환의 '담쟁이', 로버트 프로스트의 '가지 않은 길', 에드거 게스트의 '포기하면 안 되지', 사무엘 울만의 '청춘'가 있다.

이 시들의 공통점은 포기하지 않고 끈기 있게 살자는 내용이다. 이로부터 직장인들이 스스로 중요하게 생각하는 요소 중 하나가 끈기임을 알 수 있다.

1) 당신은 이미 끈기의 유전자를 가지고 있다

불행하게도 뭔가를 꾸준히 하는 것은 인간의 기본적인 본능이
아니다. 인간은 호기심의 동물이고 지루한 것은 참을 수 없어하는
동물이다.[11]

그나마 다행인 것은 우리 민족은 은근과 끈기의 민족이라는 역
사적 사실이다. 참는 것은 누구보다 잘한다는 의미이다.

그 이유를 두 가지로 해석하고자 한다.

첫째, 수많은 외세의 침략에 시달리면서 우리 민족은 강인한 끈
기를 터득했다. 세계 전쟁사에서 큰 획을 그은 몽고 제국의 공격에
39년간 저항한 민족은 우리밖에 없다. 임진왜란 때 거의 전 국토
가 점령당했으면서도 7년 후 기어이 역전승을 거두어낸 것도 세계
전쟁사에서 유례를 찾아보기 힘든 일이다.

둘째, 우리는 농경민족이기에 수확을 하려면 긴 시간을 인내하
고 참아야 했다. 더구나 우리가 주식으로 삼는 쌀은 남방 지방의
작물이다. 동남아에서는 1년에 2모작, 3모작을 아무렇지 않게 할
수 있는 쌀이지만, 우리나라 기후에서 쌀을 키우는 것은 엄청난 노
력을 요하는 일이었다. 그러나 우리 민족은 그 일을 해낸 것으로
모자라 겨울에는 보리 2모작도 실현했다.

'난 끈기가 없어' 하고 말하는 사람은 엄살을 부리는 것이다. 한
국인인 당신에게는 분명히 끈기의 DNA가 존재한다.

---

11) 이는 대니얼 길버트의 주장으로 인간은 본능적으로 '현재의 상황'에 맞춰 모
든 것을 생각하기에 끈기가 없다는 것이다. 대니얼 길버트, 〈행복에 걸려 비
틀거리다〉, 서은국 등 옮김, 김영사, 2006

직장에서 잘 견딜 수 있는 유전자는 이미 당신 몸속에 있다. 그
것을 끌어내기만 하면 된다.

2) 작심 30일이면 승리한다

우리는 모두 알고 있다. 끈기를 가지고 꾸준히 하면 성공한다는
평범한 진리를. 하지만 대부분 '작심 3일'이 된다.

여기서 우리는 한 가지 해답을 발견할 수 있다. 대부분 '작심 3
일' 일 때 당신만 '작심 30일' 정도만 하면 10배의 끈기가 있으므로
성공하는 것이다. 즉, 직장에서 필요한 끈기는 한국 제일의 끈기가
아니라 남보다 조금만 더 강한 끈기이다.

다른 성공의 비법이나 테크닉에 재능이 없고 힘들다면 끈기를
택하라. 단지 꾸준히 하기만 하면 성공한다. 참 쉽다.

직장생활은 장거리 경주이다. 고갯길도 있고 내리막길도 있다.
직선도 있고 곡선도 있다. 처음부터 너무 무리하면 안 된다.

단순하게 생각해서, 끈기 있게 직장에 살아남는 것을 목표로만
잡아도 임원이 되고 CEO가 될 확률이 높아진다. 왜냐하면 입사인
원의 1%만이 정년퇴직을 하는데, 임원수도 전체 임직원 수의 1%
이기에 곧 임원으로 직장생활을 마칠 수 있는 것이다. 끈기 있게
살아남으면 영광은 당신 것이다. 어렵지 않다.

러일전쟁에서 러시아는 모든 면에서 일본보다 유리했다. 병력 수나 보

급, 국가 재정 등 러시아가 불리한 점은 어디에도 없었다. 그러나 러시아는 단 한 번의 전투에서도 승리하지 못했다. 최고 지휘관들이 하나같이 끈기가 부족했기 때문이었다.

쌍방 50만 명이 동원된 봉천 전투에서 육군 대장 쿠로파트킨은 승기를 다 잡아 놓고도 스스로 꽁무니를 뺐다. 태평양 함대 사령관 로제스트벤스키는 한 술 더 떠 쓰시마 해전에서 제대로 명령도 내리지 않고 항복했다. 그들의 상관인 황제 니콜라이 2세 역시 한 달만 더 버텼으면 일본이 파산했을 텐데 그것을 기다리지 못하고 휴전에 동의했다.

반면 국가 재정이 파탄 나고, 예비군도 동이 나고, 포탄과 식량도 다 떨어졌지만, 일본은 오로지 그 끈질김 하나 덕분에 승리를 거머쥐었다.

3) '직장인 사춘기 증후군'이 오면 일탈을 하라

입사 후 1~3년 안에 많은 사람들이 '직장인 사춘기 증후군'을 겪는다고 한다. 그 이유는 뭘까?

무슨 일이든 척척 잘 할 것 같은 의욕으로 입사해 보니, 회사라는 곳이 생각과는 너무 다르기 때문이다. 건의하는 것은 번번이 묵살되고, 그저 시키는 거 하고 배워야 하는 어설픈 햇병아리로 취급받고 매일 반복되는 생활 때문에 매너리즘에 빠지고 '일하는 기계'가 되어버린 상실감에 의욕이 없어지는 것이다.

대부분의 전문가들은 막연하게 해결책을 제시한다. 청소년의 사춘기가 그렇듯, 시간이 지나면 자연히 극복된다는 이야기만 하는 것이다. 더 적극적으로 하라는 것이, 주변 사람들과 의논을 하거나 자기계발을 통해서 자신을 한 단계 업그레이드 하라고 한다. 하지만 이것은 마치 어떤 병에 대해 상담할 때 상투적인 대답인 '자세한 것은 의사와 상담하세요' 라는 답변과 같다.

여기서 피부에 와 닿는 제시를 하나 하겠다.

막연한 대화가 아니라 문제가 되는 부분과 직접 연관되거나 이를 해결할 실마리를 쥐고 있는 사람과 심도있게 대화하여 풀도록 하자. 직접적인 방법이 가장 빠르다.

또 다른 방법은 자신이 수행한 업무에 대해 이익을 얻은 소비자의 반응을 들음으로써 보람을 찾는 것이다. 예를 들어 디자이너라면 자신이 만든 디자인을 통해 만족감을 얻은 고객에게서 감사의 인사나 만족감을 전달받는 것이다. 요즘은 인터넷으로 대부분 업무가 진행되어 직접 대면하는 일이 많지 않지만 어떠한 방법으로든 소비자와 대화를 나누면 좋아질 것이다. 직접 소비자와 만날 위치에 있지 않다면 상사로부터 일에 대한 칭찬이나 소비자의 만족감을 전달받아 보람을 끌어내도록 하자.

원천적으로 그러한 방법이 안되는 구조에서는 일탈적 본능을 충족시켜라.

청소년기를 '질풍 노도'의 시기라고 하지만 누드 졸업식 뒤풀이를 볼때 '질풍 누드'의 시기라 생각한다. 청소년들이 이렇게 옷을 벗으며 감정을 발산하는 것처럼 직장인들도 나체로 욕망을 분출할 수 있으면 얼마나 좋을까.

그 대체 방법은 이 책 전반적으로 나와있지만 이럴 때는 상사의

'하수인' 역할을 하면서도 자신의 본능을 충족시키는 것이다.

인간의 본능은 많다. 사냥본능, 성욕, 싸움본능 등 동물적인 원초적 본능부터 권력, 돈, 명예 등 인간적 본능까지.

사무실에서 벌어지는 후자의 인간적 본능 때문에 '직장인 사춘기'가 오는 것이니 여가 시간에 동물적 본능을 충족시키면 된다. 나(김율도)는 이것을 일탈적 본능이라 이름 붙이겠다. 우리나라에 변태가 많은 이유는 성을 너무 억압하기 때문이다. 조금만 성을 완화한다면 자살율도 떨어지고 행복지수가 조금 더 올라갈 것이다. 성욕은 각자 해소 방법이 있을거라 생각하고 싸움 본능이나 사냥 본능을 고급스럽게 해소하는 방법을 함께 알아보자.

이런 건 어떨까. 서바이벌 게임, 석궁, 권투, 사냥, 승마, 레프팅 등. 이런 것들은 분명히 가장 직접적으로 원초적 본능을 충족시켜 주지만 현실에서 쉽게 접하기 어려운 것들이다.

쉽게 접할 수 있는 것 중 사냥 본능을 충족시킬 수 있는 것은 바로 축구 등 구기종목이다. 아주 먼 옛날, 사냥하기 위해 빨개벗고 초원을 달리던 크로마뇽인을 생각해 보면 쉽게 수긍이 갈 것이다. 축구공은 말하자면 사냥감이다.

군대에서 축구한 이야기를 싫어한다는 여성은 축구 대신 수영, 등산, 헬스, 춤, 노래, 악기, 수다도 일상에서 일탈적 본능을 충분히 충족시켜 준다. 지금도 아프리카 원시 부족들의 집단 가무들이 본능적으로 행해지는 이유가 바로 여기에 있다.

사춘기 때 나는 누군인가, 왜 사나, 하는 다분히 철학적인 문제는 바로 이러한 일탈적 본능을 찾기 위한 고민인 것이다.

회사에서 왜 이래야만 하는가, 건설적인 제안을 한다든지 불합리한 것을 찾아 개선을 하도록 노력을 하는 것도 본능을 충족시켜주는 행위이다. 바로 싸움 본능이다. 현대에 와서 물리적인 싸움이 아닌 쪽으로 진화했지만 저 밑에는 본능이 숨겨져 있는 것이다.

본능을 숨기지 말고 왜,라는 의문을 가지고 건설적으로 드러내면 진취적이고 유능하다는 평가를 받을 것이다.

그럼 업무적으로 자꾸 실패하여 의기소침해지고 포기하고 싶다면 어떻게 하겠는가?

답은 간단하다. 그것은 방법의 문제이니 상사에게 물어보라. 상사는 당신보다 경험이 많고, 판단을 내리는 훈련이 되어 있다.

다만 상사는 현장에 있지 않다. 따라서 당신은 상사에게 조언을 구할 때 최대한 많은 정보를 일목요연하게 제공해야 한다. 그래야 상사가 올바른 지시를 내려줄 수 있다.

상사에게 의견을 구하는 빈도수는 당신이 정 해결할 수 없는 경우로만 한정하도록 하라. 상사는 숙련될 시기가 되었는데도 계속 물어오는 부하를 좋아하지 않는다.

4) '회사우울증' 이면 내장의 독소를 제거하라

'회사우울증'도 무려 직장인의 70%가 앓고 있다고 한다. '회사우울증'이란 회사 밖이나 집에서는 활기찬데, 회사에만 오면 우울해지는 증상이다.

회사우울증의 원인으로는 불확실한 미래, 상사와의 갈등, 과도한 업무량 등이 꼽히고 있다.

이에 대한 해결책은 무엇일까?

즉각적인 효과를 보려면 운동을 하라고 이미 썼기에 다시 길게 설명하면 종이낭비이니 더 이상 하지 않겠다.

회사우울증 극복법으로 색다른 주장을 하는 이는 하나한방병원 최서형 원장이다.

그는 직장인들이 겪고 있는 우울증을 담적병의 한 종류로 보았다. 담적병이란 잘못된 식습관으로 위운동이 약해 음식 찌거기가 위점막을 손상시키고 외벽을 딱딱하게 만드는 것이다. 즉 마음의 문제가 아니라 몸을 치료하면 우울증은 낫는다는 이야기다. 사실 몸과 마음은 분리될 수 없기에 이 말도 맞다.

최원장은 독소 때문에 위장에서 세로토닌 분비가 적어지면 우울증이 온다고 한다. 역으로 말하면 90%가 위장에서 분비되는 세로토닌의 분비를 촉진시키면 우울증에 도움이 된다는 얘기다.

그러므로 우울증 환자들의 대부분이 가지고 있는 폭식, 과식, 불규칙한 식습관을 고치면 우울증이 개선되고, 또 위장 독소를 제거하면 그만큼 좋아질 거라고 한다.

천천히 먹고, 조금 먹는 방법이 만병통치약이다.

식사 뿐 아니라 일도 그렇게 해보자.

지상에서 가장 빠른 치타의 수명은 12년이지만 느린 동물 중 하나인 어떤 거북은 200년까지 산다. 오래 건강하게 일 하려면 천천히 먹고 조금씩 일하자.

입사 후 3년은 버텨라 (와신상담)

한국 애보트 래보라토리를 설립한, 나(윤경환)의 외종숙 정영달 사장은 새내기 사원들에게 이렇게 당부했다.

"딱 3년 동안 무조건 버텨라."

3년이면 자기 분야에서 어느 정도는 눈을 뜨는 시기이고, 자리를 옮겨도 경력을 인정받는 시기이다.

춘추시대 오나라 왕 합려는 중원의 패자가 되고 싶어 강대한 초나라를 공격, 거의 멸망 직전까지 몰고 갔다. 그때 갑자기 월나라가 오나라의 본토를 공격했다. 합려는 급히 귀국하여 월나라를 상대하다가 전사하고 말았다. 그 아들 부차가 왕위에 올라 다짐하였다.

"원수를 갚기 전까지 매일 장작 위에서 잘 것이다(와신)."

부차는 힘을 길러 월나라군을 격파하고 그 왕 구천을 포로로 잡았다. 구천은 10년의 포로 생활 동안 갖은 수모를 당하고서야 겨우 월나라로 돌아올 수 있었다. 구천이 부하들에게 맹세하였다.

"원수를 갚기 전까지 매일 곰의 쓸개를 빨 것이다(상담)."

구천이 힘을 기르는 동안 부차는 아버지가 못 이룬 꿈, 즉 중원의 패자가 되기 위해 제후들의 회합을 고지했다. 그는 제후 회의에서 중원의 패자로 공식 인정받고 싶었지만, 그가 자리를 비운 동안 구천이 또 다시 오나라를 습격하는 결과만 낳았다.

구천은 마침내 오나라를 멸망시키고 부차도 잡아 죽였다.

구천은 10년의 포로 생활, 7년의 절치부심, 9년의 전쟁, 도합 26년을 기다려 그의 목적을 달성했다. 하물며 3년이라!

직장 동료와
즐겁게 지내는 법

1장. 러닝메이트, 페이스 메이커를 만들어라

직장에서 라이벌이 있다는 사람은 60% 가까이 된다. 과장, 차장급에서 라이벌이 많고 대부분이 동료를 라이벌로 생각한다.

회사에서 팀의 경쟁력을 높이기 위해서는 러닝메이트를 활용하면 좋다. 러닝메이트의 선택권은 1위 고유의 선택권으로 누구를 러닝메이트로 정하느냐에 따라 결과는 다르게 나올 수 있다.

대통령 선거에 러닝메이트 제도가 있는 미국에서 그 사례를 찾아보자. 러닝메이트라는 용어도 우리와는 다르게 미국의 정·부통령 선거에서 부통령 입후보자를 가리키는 말로 쓰인다.

미국 역사상 최고의 부통령 후보(러닝메이트)는 존 F 케네디 민주당 후보의 당선을 도운 린든 존슨 전 대통령이다. 존슨은 남부 출신 기독교인으로 케네디의 가톨릭-북부 출신을 보완하여 환상의 러닝메이트로 정권 창출에 성공했다. 즉, 남부와 북부, 가톨릭과 기독교를 다 포괄하여 골고루 지지를 얻은 것이다.

딤에서 어느 부분이 부족하다면 이를 러닝메이트로 보강하여 팀대결에서 불패할 수 있다.

이번엔 페이스 메이커를 살펴보자. 페이스 메이커의 사전적 의미는 기준이 되는 속도를 만드는 선수이다.

마라톤 경기를 보면 그룹을 지어 모여서 달리는 모습을 볼 수 있을 것이다. 마라톤에서는 혼자 달리면 절대로 좋은 기록을 내지 못한다. 페이스 메이커를 만들어 앞서거니 뒤서거니 경쟁을 해야 더 좋은 기록이 나온다.

회사의 동료도 마찬가지다. 능력이 뛰어나더라도 혼자 독주하지 말라. 페이스 메이커를 만들어 자극을 받고 경쟁을 통해 승리를 배가시켜라.

마케팅 실무에서도 1위 브랜드는 충분히 2위를 죽일 수 있는 여력이 있음에도 불구하고, 일부러 2위 브랜드를 죽이지 않고 어느 정도 치고 올라오도록 살려두는 것이 정설이다. 왜냐하면 2위 브랜드가 있음으로 해서 1위의 존재감이 커지고 시장의 크기 역시 더 커지기 때문이다. 이는 회사에서 경쟁하는 동료들이 있음으로 해서 1위가 더욱 빛나고 부서의 경쟁력도 커지는 원리와 같다.

또한 월등한 능력이 있더라도 때로는 미래를 위해 이를 비축하는 지혜가 필요하다. 오래 달려야 하기 때문이다. 마라톤에서 힘이 있다고 혼자 독주하다가 언젠가는 따라잡히는 것을 방지하기 위함과 같은 원리다.

회사는 협동과 조직력이 필요한 꿀벌의 사회이지, 홀로 '산정 높이 올라가 굶어서 얼어죽는 킬리만자로의 표범' 사회가 아니다. 홀로 모든 것을 다하는 프리랜서가 바로 '자고나면 위대해지고 자고나면 초라해지는' 고독의 표상인 표범이다.

엘리트 1위 사원이여!

홀로 독주하지 마라. 러닝메이트, 페이스 메이커를 만들어 선의의 경쟁을 해야 더 큰 일을 할 수 있음을 명심하라.

2장. 적을 동료로 만드는 '감동의 힘'

양이냐 질이냐.

동료의 수가 아무리 많아도 정작 위기의 순간에 모두 고개를 돌려버리는 동료라면 없느니 못하다. 비록 단 한 명이라도 나를 믿어주고 도와줄 수 있는 동료가 언제든 흩어질 수 있는 모래알보다는 훨씬 낫다.

곧 얼마나 많은 회사 사람들을 나의 지지자로 만드느냐도 중요하지만 이와 더불어 얼마나 깊은 감동을 주느냐가 나의 위상을 올리고 나의 영향력을 키운다.

사람들이 특정 사람을 따르도록 만드는 가장 큰 요소는 포용력과 열린 마음이고, 이로부터 우러나오는 감동이다.

IQ(지능지수)시대에서 EQ(감성지수)시대로 넘어와 이제는 NQ(네트워크지수)시대라고들 말한다. 하지만 나(김율도)는 이제 AQ(Affection quotient 감동지수)의 시대에 들어왔다고 생각한다.

머지않아 10년 안에 감동지수는 엄청난 반향을 불러일으킬 것이다. 누군가에게 작은 배려를 베풀어 그 사람이 감동을 하면 그는 당신을 따르게 된다.

회사에서 인기를 얻고, 팀장이 되고, 나아가 임원이 되려면 감동을 주고 감동을 만들어라.

미국의 링컨 대통령은 오늘날 누리는 압도적 존경심이 무색하게 당시에는 매우 고약한 각료들에게 둘러싸여 있었다.

국무장관 슈어드는 자신이 대통령이 되어야 한다고 생각했고, 재무장관 체이스는 슈어드와 자신의 위치가 바뀌었다고 생각했다. 도둑에 가까운 카메론 국방장관을 경질하고 새 국방장관에 앉힌 스탠튼은 한 술 더 떴다. 그는 대통령 선거 때 링컨의 반대편에서 링컨의 저격수였는데 이런 말도 한 사람이었다.

"수염과 털이 많은 고릴라 대통령을 만드느니, 차라리 아프리카에 가서 고릴라 한 마리를 데려오겠다."

링컨은 대통령이 된 후, 반대편 진영이었던 스탠튼을 국방장관에 임명하여 포용력을 보여주었다.

하지만 스텐톤은 국방장관 재임 초기에도 태도는 변하지 않았다. 그는 어느 날 링컨 대통령의 명령서를 거부하며 이렇게 소리쳤다.

"바보천치가 아니고서야 이런 지시를 내릴 수 없다."

그런데 그 이야기를 전해 들은 링컨은 대답했다.

"그 사람이 그렇게 말했다면 나는 바보천치가 맞소. 그는 대체로 옳은 말만 하고, 속에 없는 말은 하지 않으니 말이오."

서서히 스탠튼은 링컨의 그런 큰 마음에 감동했다. 마침내 링컨이 암살당했을 때 스탠튼은 눈물을 흘리며 말했다.

"여기에 누워있는 이 분은 인류가 소유할 수 있었던 최고의 인품을 가진 분이셨다."

3장. 악한 사람들은 맞서서 몰아내라

"못해 먹겠다. 직속 상사가 사사건건 나를 갈구고 부당한 이유로 트집 잡고 호통 친다. 박대리는 회의 시간마다 나한테 반대하고, 새파랗게 어린 김주임은 학력이 높다고 나를 깔본다. 회사를 때려치우든지 어디 안 보이는 데서 박치기로 받아버리고 싶다."

이렇듯 직장인의 80%는 사표를 생각하고 있다. 회사에는 당신에게 우호적인 사람들만 있는 것이 아니다. 상사, 동료, 후배들 중에는 원수처럼 느껴지는 사람들도 있다. 그들을 아무리 이해하려해도 이해가 안 되고, 그들에게 아무리 감동을 주려고 해도 그들의 태도에 변화가 없다. 더 나아가 그 자들은 끊임없이 나를 물어뜯는다. 이럴 때는 어떻게 할 것인가. 당하고만 있어야 할 것인가.

1) '오른뺨을 때리거든 왼뺨을 내밀라'의 진실 1: 동료

종교서를 넘어 지혜의 경전 '성경'에는 오른뺨을 때리거든 왼뺨을 내밀라는 구절(마태 5:39)이 있다. 우리는 흔히 이 말을 인내심이나 비폭력, 순응에 대한 충고로 이해한다. 물론 그런 의미가 일반적인 해석이고, 또 권장할 만한 해석이다.

하지만 이 말을 깊이 분석하면 부드럽지만 강한 대응이라는 것을 알게 될 것이다. 그 숨겨진 이면을 통해 우리는 당대 제일의 혁명가였던 예수가 얼마나 인간을 깊이 통찰하고 있었는지 알 수 있다.

단순한 사람은 상대가 오른뺨을 때리면, 그도 상대의 왼뺨을 때린다. 그러면 상대방은 발로 차고, 박치기를 하고, 결국 무기를 든다. 싸움은 끝나지 않고 서로 큰 피해만 보게 된다.

그럴 때는 부드러운 듯 보이지만 실제로는 강하게 더 때려보라고 대처하는 것이다. 이것이 진짜 무서운 것이다. 그리고 선택권을 상대방에게 넘기는 것이다. 이것은 맞아도 버틴다는 정신을 보여줌과 동시에 상대방의 힘과 의지, 성격을 탐색하는 것이다.

대부분의 사람들은 왼뺨까지 내밀며 '때려보라'고 독하게 나오면 기가 질려 때리지 못한다. 그러면 이기는 것이다.

하지만 상대방이 이 사람의 왼쪽 뺨마저 때린다면, 그는 무식한 미치광이거나 의지가 굳건하거나 둘 중 하나이다. 이럴 때는 다른 전략을 짜야 한다. 상황을 봐서 한 번 더 때려보라고 하거나 무식한 미치광이라면 그 자리를 피하는 것이다.

2) '오른뺨을 때리거든 왼뺨을 내밀라'의 진실 2: 상사

위 방법은 동료에게는 통하지만 상사에게는 쓰지 않는 것이 좋다. 상사는 당신의 무례에 분개하여 거침없이 당신의 왼뺨, 오른뺨 가리지 않고 두들길 것이기 때문이다.

상사에게는 어떻게 대처해야 할까?

역시 성경에서 해답을 찾아보자. 위에 언급한 마태복음 다음 구절이다.[12]

"네 속옷을 가지려는 자에게는 겉옷까지 내주어라. 누가 너에게 천 걸음을 가자고 강요하거든, 그와 함께 이천 걸음을 가주어라. 달라는 자에게 주고, 꾸려는 자를 물리치지 마라." (마태5 : 40-42)

이게 무슨 소리인가? 비겁한 거 아닌가? 강한 자에게는 약해지라니? 그러나 그것은 비겁한 것이 아니다.

당신 자신을 극한으로 몰아넣어 상대가 깨달음을 얻도록 하는 것이다.

일본에는 '살을 주고 뼈를 취한다' 는 말이 있다.

더 큰 것을 얻기 위해서는 기꺼이 줄 수 있는 것은 주라는 얘기다. 그러다 상사가 감동하여 변모하면 가장 좋은 것이고, 그렇지 않으면 결정적인 순간에 역전의 기회를 잡는 것이다.

중요한 것은 살은 주되, 상대방의 뼈를 취할 역량을 키우는 일이라 하겠다.

그러나 위 말은 일반적인 상사에게나 적용 가능하고 악한 상사에게는 다음에 나오는 내용처럼 다르게 대처하라.

---

12) 성경을 종교 서적으로만 이해할 필요는 없다. 남북전쟁의 영웅 토마스 잭슨 장군은 구약성서를 '군사 보고서의 모범' 이라고 불렀고, 그 외에도 많은 위대한 장군들이 성경에서 작전의 아이디어를 얻었다.

3) 상사가 스트레스를 주면 참지 마라

진정으로 악한 상사에게는 맞서 싸우는 수 밖에 없다. 상사도 상사 나름이지 모두가 싫어하는 악한 상사에게는 동료들과 합심해서 용감하게 왼뺨을 대어 싸워야 한다.

미국 사우스 캘리포니아 대학의 너세니얼 패스트 교수 등의 연구결과에 의하면 상사가 부당하게 화를 내는 것은 자신의 열등감을 해소하고 진정시키기 위해서라고 한다. [13]

또 스트레스를 주는 상사를 참기만 한다면 심장병에 걸릴 확률이 높다는 연구결과가 있다. 스웨덴 스톡홀름대 연구팀은 1990년대 초부터 10년 동안 40대 남성 직장인이 부당한 대우를 받았을 때 어떻게 행동했는지 조사했다. 그 결과, 괴롭히는 상사에게 아무런 저항도 하지 않고 참는 사람은 분노를 표출하는 사람보다 심장마비나 심장질환의 위험이 2~5배 높았다. 또한 분노를 참은 직장인 중에서 심장질환으로 사망한 사람이 47명에 달했다. 이는 여성이나 남성이나 같았다. [14]

그러므로 부당한 취급을 받았다고 느꼈을 때는 즉시 상사에게 자신의 생각을 말해야 건강하게 살 수 있다.

우리의 전통적인 미덕인 '참고 인내하자'라는 사상은 부하들을 편하게 다스리려는 권력자의 입장에서 나온 것임을 직시해야 한

13) Fast, N.J.; Chen, S. Psychological Science, 2009, 20(11), 1406-1413
14) Leineweber, C.; Westerlund, H.; Theorell, T.; Kivimaki, M.; Westerholm, P.; Alfredsson, L. J. Epidermiol Community Health, 2009, jech, 088880

다. 이는 앞서 말한 끈기와는 다른 개념이다.

맹자의 방벌 사상을 기억하라.

"권력에 앉은 자가 그 능력을 잃거나 원래부터 능력이 없었던 경우에는 그를 몰아내고 능력 있는 자에게 그 자리를 넘겨주어야 한다."

소모적이고 비인간적이고 휴머니즘이 없는 상사는 회사에도 도움이 되지 않는다. 말단 직원인 네가 왜 그것을 판단하냐, 고 묻는다면 인간의 감정은 상하고위를 막론하고 다 비슷하다고 답하라.

악한 상사가 진급하여 간부가 된다면 회사는 위험해진다. 악한 상사가 CEO가 된다면 더욱 위험해진다. 회사를 마치 자신의 개인 소유인 것처럼 생각하고 회사를 자기 마음대로 주무르고 팔아먹어도 그는 아무런 책임감이나 죄책감을 느끼지 않는다. 그 CEO는 이미 알고 있다. 대기업이 무너지면 나라경제가 무너진다며 나라에서 돈을 대주는 수순으로 들어가리라는 것을.

따라서 나쁜 상사와 맞서 싸우고 그를 회사에서 쫓아낸다면 아주 큰일을 한 것이니 하극상이 아니라 오히려 상을 주어야 마땅하다. 실패해도 당신은 정의의 편에서 싸운 것이니 동료들의 존경을 받을 것이다. 까짓 거 회사를 떠난다는 각오하고 악한 상사와 맞서 싸워보자. 그것이 궁극석으로는 회사를 위하는 일이고 CEO에게 도움을 주는 일이다.

회사에서도 상사의 부당한 지시를 따르라고 권하지 않는다.

업무수행과 도덕성 사이에서 갈등할 만한 사안이지만 도덕적, 윤리적으로 옳지 않다면 따르지 않는 것이 회사 입장에서도 좋다고 대부분의 인사 관련자들은 말한다.

법원 판례를 보면, 상사가 내린 부당한 업무 지시를 수행함으로써 회사에 해를 끼친 경우에는 비록 하급자로서 명령을 들을 수밖에 없었다 하더라도 형사처벌 여부와는 별도로 민사상으로도 10% 정도의 책임은 지도록 되어 있다.

상사의 이익보다는 회사의 규칙이 우선한다.

상사가 회사의 규칙에 어긋나는 불법 부당한 행동을 지시할 때의 행동 원칙은 다음과 같다.

① 무슨 수를 써서든 하지 않는다.

② 어쩔 수 없이 하게 될 때는 상사가 시켰고, 자신은 거부하다 하다 안 되어 어쩔 수 없이 했다는 증빙서류를 만든다.

③ 나중에 발각되었을 때 자신을 옹호하고 변호해줄 동료들을 만든다.

상사가 부당한 지시를 내리면 우선 동료와 의논하자. 하지만 동료도 힘이 없는 부하이기에 어떻게 해 줄 수는 없다. 그 악질 상사보다 상위 직급에게 조심스럽게 말하는 방법이 현실적이다. 그래도 안될 때는 회사 윤리위원회 등에 신고하는 것이 좋다.

그리고 부당한 지시는 항상 정확하게 기록하고, 동료 직원의 '나도 들었다' 는 사인을 받아두도록 한다. 이 같은 행동원칙을 몰라서 형사처벌을 받고 민사상 손해배상 청구까지 당한 여러 지인들을 알고 있는 나(윤경환)의 절실한 당부다.

4장. '팀워크의 상식'을 폭파하라

'박재가 되어버린 천재'를 아시오. 나는 유쾌하오.

- 이상의 '날개' 중에서

박재된 천재들이 가장 많이 있는 곳은 한국의 대기업이다. 대기업은 튀거나 '차원이 다른 괴짜'들을 평범하게 만드는 신기한 재주를 가지고 있다. 팀워크를 위한답시고 개인의 개성을 말살하고 조직에 순응하는 부속품으로 만들기 때문이다.

우리나라의 경제 규모가 세계 15위권이면서도 국가 경쟁력은 30위권에 머무는 데에는 이렇게 천재를 박재시키는 사회, 기업의 케케묵은 관행도 한 몫 한다. 다음 단계로 도약하기 위해서는 이제 이 관행을 벗어던져야 한다.

1) 팀워크의 '오해'를 풀어라

회사에서 팀워크로 일하는 이유는 그 방법이 위험도가 낮기 때문이다. 하지만 반대로 무난한 결정으로 중간밖에 못한다. 이처럼 팀워크에 대해서 우리가 알고 있는 상식 속에 오해와 함정이 있다.

오해 1 : 의견이 쉽게 만장일치가 되면 좋은 팀워크인가?

만장일치로 결의된 의견이 충분한 반론과 이견 속에서 합의된 사항인지, 아니면 권위에 무조건 복종한 결과인지에 따라 일의 성패가 좌우된다.

예일대 심리학과 제니스 교수의 집단사고(Groupthink) 이론에 의하면 무조건적인 일심동체가 꼭 좋은 것만은 아니다.[15]

"한 집단의 지나친 자부심, 다양한 의견을 무시하는 편협함 때문에 집단은 그릇된 결정을 하기 쉽다."

집단 사고 이론의 사례는 많다. 미국의 경우만을 예로 들어도 1961년 케네디 행정부의 쿠바 피그스만 침공 실패, 존슨 행정부의 베트남 정책 실패, 닉슨 행정부의 워터게이트 사건 등 무수히 많다. 그 중에서 피그스만 침공사례를 보자.

취임 3개월 밖에 안 된 젊은 케네디 대통령은 쿠바의 사회주의 혁명을 잠재우기 위해 이상한 작전을 승인했다.

케네디가 당선되기 전 CIA는 쿠바 출신 망명자들을 쿠바로 재침투시켜 혁명을 전복시킨다는 계획을 세우고 망명자들을 훈련시켜 두었다. 상황을 제대로 파악하지 못한 케네디는 CIA가 '이 작전은 반드시 성공한다'고 잘못된 정보를 제시하며 설득하자 넘어가고 말았다.

---

15) Janis, I. L. Victims of Groupthink. Boston. Houghton Mifflin Company, 1973

이 작전의 실행을 검토하는 회의에는 대통령, 국무장관, 국방장관, 합참의장 등 국가 최고위급 인사들이 참석했다. 또한 자문위원회의 학자들이나 전문가들도 참석했지만 그들은 분위기에 위압당하여 아무 말도 하지 못하고 침묵만 지켰다.

결국 작전은 실행되었지만 1,400명의 망명자 군대는 쿠바에 상륙하자마자 쿠바군 포병대에 붙잡혔다. 미국은 5,300만 달러의 배상금을 지불하고서야 포로들을 돌려받을 수 있었다.

큰 실패를 겪은 케네디는 그 후에는 제대로 된 정보가 정상적으로 소통될 수 있도록, 또 위압적인 분위기에서 의견이 묵살되는 일이 없도록 노력했다. 그는 자신의 말이 회의에 영향을 끼칠 수 있는 경우에는 회의에 참석하지 않았고, 매번 외부 전문가들을에게 의견을 청취했다.

이러한 노력의 결과는 긍정적으로 나타났다. 얼마 후 쿠바 핵미사일 위기 때는 노련하게 강약을 조절하여 핵전쟁을 비껴갈 수 있었다.

회사에는 평론가형 직원도 때로는 필요하다.

사공이 많으면 배는 산으로 간다. 하지만 반대로 사공이 한 명이면 배가 무인도로 가도 막을 수 없다. 그러니 사공이 한 두 명쯤은 더 있는 편이 바람직하다. 사외의 평론가(전문 컨설턴트)를 회사는 비싼 돈을 주고 쓰시 않는가. 사내에 제갈공명 같은 컨설턴트를 키운다는 생각으로 평론가를 키우면 좋지 않을까.

어떤 유형이든 평론가형 직원을 싫어하는 기업이 있다면 나중에 큰 위기를 맞게 된다.

일본은 러일전쟁에서는 승리했지만, 그 후에는 오히려 러시아 같은 전제정치로 변질되었다. 일본은 군부의 독단에 의해 태평양 전쟁을 일으켰지만 철저하게 패망했다.

그 후 일본 기업에서는 반대 의견과 평론가형 직원의 존재를 긍정하였다. 일단 상사는 의견을 밝히지 않고 가장 낮은 직급의 사원에게 의견을 물어본다. 그러다보면 반드시 반대 의견이 나오게 되어 있고, 이 의견들로부터 위협요소를 발견하게 된다는 것이다.[16]

오해 2 : 개인의 희생을 강요하면 좋은 팀워크가 나온다?

모든 사람을 만족시킬 수는 없다. 팀이 무엇인가를 결정하면 누군가의 희생이 뒤따르기 마련이다. 하지만 항상 개인의 희생을 강요하는 것은 분명히 구태의연한 이야기이고 잘못된 행태다. 그런 강요는 종국에는 모든 직원의 희생을 요구하기 때문이다.

그렇다고 나만 생각하는 이기주의를 찬양하는 것은 아니다. 팀과 개인 모두 윈-윈하는 형태를 이야기하는 것이다.

선착순으로 직원을 뽑는다는 미라이 공업의 직원들은 1년에 140일을 쉬고, 하루 7시간만 일한다. 하지만 이 회사는 창업 이래 한 번도 적자를 낸 적이 없고, 경상이익률이 15%에 달한다.

이 사실은 무엇을 시사하는가?

팀이 개인의 희생을 요구하는 것이 아니라 개인의 권익을 추구

---

16) 한때 그렇게 함으로써 세계를 제패했던 일본의 제조업체들이 그 정신을 잃어버린 현재는 몰락의 길을 걷고 있다. 일본의 시사평론가 사타카 마코토는 2010년의 도요타 리콜 사태에 대해 '예스맨이 주위를 둘러쌌기 때문'이라고 비판했다.

할 때 비로소 윈-윈할 수 있다는 것이다.

　개인의 희생 위에 팀이 불패하는 것은 어려운 일이 아니다. 훌륭한 지휘관은 병사들의 희생을 최소화하면서 비범한 승리를 쟁취한 사람이다. 회사나 팀도 마찬가지다.

2) 팀워크를 강화하려면 공통된 추억을 만들어라

　팀워크를 강화하는 방법은 산업공학자, 심리학자들이 해마다 많이 만들어 내지만 나(김율도)는 '추억'이라는 단어로도 팀워크가 좋아진다고 생각한다. '추억'이라는 단어 자체가 사람의 마음을 아련하게 만들고, 공통의 기억을 향유함으로써 일체감이 커지기 때문이다. 사원 교육이나 송년회 때 가면무도회 등 추억을 많이 만드는 행사를 한다면 큰 효과를 볼 수 있을 것이다.

　영국의 원베스트웨이(Onebestway)라는 마케팅 회사가 '알몸 데이'를 만들어 일주일에 하루는 옷을 모두 벗고 일함으로써 직원들의 사기를 증진하고 친밀감을 높인 사례는 신선하다.

　비즈니스 심리학자의 제안으로 이루어진 이 행사의 취지는 가장 부끄러운 부분을 내 보이면서 자신감을 얻는 것이라고 했다.

　직원들은 처음에는 어색해 했지만 곧 분위기가 좋아졌으며 다른 날과 비교해 업무 능률은 오히려 높아졌다고 한다.

　단순히 흥미나 먼 나라의 가십거리로 치부하지 말기 바란다. 우리도 보다 유연해져야 하지 않을까? 이를 응용하여 사무실에서의

강제성없이 실시된 영국의 원베스트웨이의 알몸데이.
알몸을 보이는 것은 서로의 믿음을 쌓는 일이며 가장 부끄러운 부분을 내 보이면서 자신감
을 얻는 것이라 한다.

알몸까지는 아니더라도 '목욕탕 데이'를 만들어 같이 목욕한다면
우리 정서에 맞는 방법이라 생각한다.

　야유회나 행사는 빠지지 않는 것은 물론이고 이런 특이한 행사
를 통해 훗날 그 추억을 같이 이야기하며 낭만에 젖어보는 것은 전
쟁터를 즐거운 장소로 만드는 비결이다.

3) 상가와 회식 장소에서 조심하라

　회식이 회식다우면 당연히 즐거운 시간이다. 적당히 술마시고
노래하면 심장병에 좋다는 일본의 연구결과도 있다.

　그러나 자발적인 회식이 아니라 술자리가 명령으로 이루어지니
신세대 직장인들은 죽을 맛이다. 사원들은 의무적인 술자리를 싫

어한다는 설문조사가 있다. 그러니까 회식과 술자리는 세대에 따라 다르게 생각하는 양날의 칼이다.

40~50대 상사들은 회식으로 단합이 가능하다고 생각하지만, 평사원들은 그렇게 생각하지 않고 70%는 회식을 싫어한다.

신세대들은 술이 화합과 소통의 자리로 적합하지 않다고 생각한다. 그 시간에 자기계발을 하는 것이 더 좋고, 커뮤니케이션은 개인적으로 사무실에서 하기를 원한다.

결국 세대 간의 전혀 다른 생각이 세대 간의 소통을 단절시키고 오해를 양산한다. 구세대들은 신세대들에게 애사심이나 책임감이 없다고 한탄하고, 신세대들은 구세대가 강압적이고 권위적이라고 비난한다.[17]

급격한 사회 변화 때문에 10년마다 큰 세대차이를 보이는데 이것의 해결책은 무엇인가.

역할 바꾸기 행사 등을 통해 해결책을 모색해 볼 수도 있겠다.

한편 유교문화 때문인지, 한국인들은 평소에는 마음 속에 있는 말을 꺼내지 않다가 알코올의 힘을 빌어 평소에 하고 싶었던 말들을 마구 분출한다. 술김에 한 언행은 대체로 용인되는 사회분위기 때문에 술자리에서는 그런 언행이 오히려 장려된다.

물론 술자리에서 허심탄회하게 그동안 말 못했던 것을 웃으며 풀면 서로 관계 개선에 도움이 된다.

---

17) 한국직업능력개발원의 조사에서 이러한 사실이 나타나고 있다. 결과를 분석해 보면 기성세대는 연공서열 등 평생직장의 개념이 강하지만, 신세대는 능력에 따라 대우가 달라야 한다는 합리주의가 강하다.

그러나 술자리에 '불려간' 신세대 직원들은 조심해야 한다. 술김에 한 언행은 다 이해해 줄 것이라는 생각은 착각이다. 상사와 동료들은 말로는 '술김에 한 행동인데 뭐' 하면서 넘어가는 것처럼 보이지만, 그들의 마음속에 당신의 행동은 앙금처럼 남는다.

그들은 이후 당신이 행하는 모든 업무를 술자리에서의 실수와 연관지어 생각하게 된다. 상사에게 반말로 반항하기, 이성에게 추근거리기, 인사불성으로 민폐 끼치기, 폭력 등의 실수는 절대 하지 마라. 사무실에서는 신사였던 사람이 술만 마시면 망나니가 되면 직장생활에서 치명타가 된다.

반대로 당신은 술자리에서 사람들의 속마음을 알아낼 수 있다. 술 마시고 하는 말을 잘 들어보자. 농담으로 하는 말 같아도 그 중에는 귀중한 정보도 들어 있다.

한편 과음과 관련하여 직장인들의 의존성 음주, 위험 음주가 늘고 있다. 어느 조사에서 음주자의 75%가 필름이 끊긴 적이 있고, 58%는 만취해 저지른 실수로 괴로워했고, 51%는 회사나 약속에 지각하거나 일을 제대로 하지 못했다고 고백했다.

이쯤 되면 이것은 즐거운 추억이 아니라 사회 병폐다. 답답하고 억압된 사회에서 술로 탈출구를 찾을 수밖에 없는 사회구조적인 문제이기에 정책적으로 다른 대안이 필요하다.

만약 술을 마실 수 없는 체질이라면 당당히 말하라. 나(윤경환)는 항상 술을 마실 수 없는 체질임을 밝히고, 술자리에서 가장 높은 분께 양해를 구한다. 그렇지만 술자리의 분위기는 맞춰주어야 한다고 생각한다.

4) 직장 내 왕따 극복법

직장인의 30% 이상이 자기 직장에 왕따가 있다고 생각한다. 왕따가 된 사람들에게는 다음과 같은 특징이 있었다.

① 성격 문제 또는 이해할 수 없는 말과 행동
② 성과가 나쁘거나 다른 직원에게 피해를 입힌다
③ 악의를 가진 누군가가 따돌림을 부추긴다
④ 통상 해왔던 관례, 관행에 따르지 않는다

직장 내 왕따는 둘 중에 하나이다. 비범한 천재 아니면 조직 부적응자(자유주의자)이다.

천재들에게는 보통 사람들이 이해할 수 없는 자기만의 세계가 있다. 위대한 예술가들 중에 그런 사람들이 많이 있었다. 모차르트는 괴상하게 웃는데다가 욕을 입에 달고 다녔고 사람들을 예사로 비웃었다. 베토벤은 그보다 더 심해서 툭하면 고성을 지르며 폭력을 행사했다.

이런 비범한 사람들이 직장에 다니는 경우는 그다지 많지 않지만 없는 것은 아니다. 어떻게 그들을 구분할 수 있을까?

비범한 천재는 문제점을 지적하는 데서 그치지 않고 그 해법을 제시한다. 그 해법이라는 것은 항상 구체적이고 현실적인 것이다. 단지 그 발상의 기발함이 놀라울 뿐이다.

애플의 CEO 스티브 잡스는 학창 시절에는 '왕따'였고 몽상가이자 신비주의자이자 기인이기도 하여 자신이 창업한 회사에서 쫓겨

나기도 했으나, 다시 복귀하여 천재적 기질을 발휘했다.

이런 사람들의 말에는 주의를 기울여야 한다. 그는 평범한 사람들이 보지 못하는 것을 보고 그 해법도 이미 찾았다. 단지 성격상 기이함 때문에 그 의견을 무시하는 것은 너무나 큰 손실이다.

서양에는 별종들이 많고 다양성을 인정해 주는 분위기지만 우리는 '모난돌이 정맞는다'는 속담처럼 남과 다르면 안되고 모두 똑같아야 직성이 풀리는 문화다. 이제 '모난돌이 선택된다'로 바꿔 별종들을 반기고 키운다면 국가브랜드 가치가 올라갈 것이다.

별종과 엉뚱한 사람들을 인정하고 이런 사람들을 많이 보유한 기업은 분명 국제 경쟁력이 높아질 것이다. 자연계에서 돌연변이가 나오는 이유는 어떤 변화된 환경에서 멸종되지 않으려는 이유에서다. 이 점을 간파하여 다양한 별종들을 보유한 기업은 100년, 200년, 영원히 망하지 않을 것이다.

만약 당신이 천재라서, 생각이 독특해서 왕따를 당한다면 굳이 이를 바꿀 필요는 없다. 별종을 인정해 주는 회사로 옮기면 된다.

천재와 바보는 종이 한장 차이인데 너무 착해서, 바보같아서 왕따가 되는 사람이 있다. 이럴 때 극복하는 방법을 알아보자.

왕따란 무엇인가, 그 정의를 내리는 것에서부터 해법은 출발한다. 왕따는 어떤 집단에서 겉도는 것이다. 그러므로 해결법은 그 집단으로 들어가는 것이다. 의외로 방법은 간단하다.

집단과 유대감을 높이려면 구성원들의 행동과 옷차림, 말투 등을 유사하게 만드는 것이다. 자신과 같은 행동을 하는 사람에게 호감을 느끼는 것에 대한 실험은 많이 있다.

그 중 미국 유니스 케네디 슈라이버 국립 아동보건 및 인간발달 연구소의 아니카 파우크너 박사 팀의 연구를 소개할까 한다.[18]

두 실험자가 각각 사회성이 강한 '꼬리말이 원숭이'에게 공을 주고 행동을 다르게 했다. 한 명은 '꼬리말이 원숭이'의 행동을 따라 했고 다른 한 명은 다르게 했다. 그러자 '꼬리말이 원숭이'는 자신과 같은 행동을 한 사람에게 와서 더 오래 있었다.

또 원숭이 손에 있는 작은 보석을 갖고 오면 먹이를 주는 실험을 했는데 원숭이들은 자신들의 행동을 따라한 사람을 선택했다.

사람도 자신들의 말투, 행동 등을 일치하게 하면 자신의 동료로 받아들이고 교류를 하는 것이다. 개성과는 조금 상반된 이야기지만 그렇더라도 공통적인 화제 거리를 이야기한다든지 공감을 한다든지 하면 왕따에서 벗어날 확률이 높아진다.

또 다른 해결책은 협조적인 자세이다.

사실 나(윤경환)야말로 개성으로 따지면 누구에게도 뒤지지 않는다. 하지만 왜 나는 회사에서 왕따 당하지 않았을까? 결국 인지상정이다. 자신에게 잘해주고 도와주는 사람에게 악의를 품는 사람은 없다. 당신이 먼저 주변 사람들에게 최선을 다하면 그들도 당신이 어떤 개성을 가지고 있든 신경 쓰지 않는다. 또 보편적인 에티켓을 잘 준수하는 사람에게 악의를 품는 사람도 없다.

반대로 자신만 아는 이기주의는 왕따를 부른다. 분위기 파악을 못하고 자기 기분대로 행동하는 것도 왕따를 부른다.

---

18) Paukner, A.; Suomi, S. J.; Visalberghi, E.; Ferrari, P. F. *Science*, 2009, *325*, 880-883

5장. 남녀 차이를 알면 직장 생활이 즐겁다

1) 남성은 성과를, 여성은 과정을 중시한다

직장에서 남녀의 차이를 알면 직장생활을 더 즐겁고 성공적으로 만들 수 있다.

남성과 여성은 생물학적, 문화인류학적, 진화심리학적 차이 때문에 서로 오해하고 갈등한다. 직장에서도 남녀는 상하를 막론하고 커뮤니케이션 방법, 문제 해결 방법에 차이가 있다.

잘 알려진 대로 대체로 남성은 일의 성과를 더 중요시하는 반면, 여성은 관계를 더 중요시 한다. 그래서 직장인 남성은 업무에 방해되는 잡담이나 농담은 금물이라고 생각한다. 반대로 여성은 수다나 잡담으로 활력을 얻고 스트레스를 해소한다.

여성들이 수다 떠는 것을 비난하는 남성들은 여성들로부터 비난 받기 십상이다. 수다는 여성들에게는 업무의 연장이기 때문이다. 같은 원리로 직장에서 일에 목숨 거는 남성을 이해하지 못하는 여성은 남성에게 환영받지 못할 것이다.

일반적으로 남성은 스트레스를 받으면 공격적이 되는 반면, 여성은 뒷담화로 해결하려는 경향이 있다.

남녀가 각각 다른 행성에서 왔다고 주장하는 존 그레이가 말한

바 있는 이런 상식적인 이야기를 미네소타대학 경영학과 블래더스 그리스케비셔스 박사는 실험으로 증명했다.[19]

그는 먼저 피실험자들에게 다음과 같은 글을 보여 주었다.

"직장에 같은 성별의 동료 3명이 함께 입사했다. 3개월의 테스트 기간을 거쳐 그 중 한 명은 해고되고, 그 중 한 명은 고속 승진이 보장된다."

경쟁심을 일으킬 이런 내용을 보여준 후 다음 질문을 했다.

"파티장에서 같은 성별의 동료가 음료수를 당신에게 쏟은 뒤 사과를 안 하면 어떻게 할 것인가?"

피실험자들에게는 모두 8개의 답안이 주어졌다. 가장 과격한 '주먹으로 때린다'부터 가장 온건한 '일단 조용히 물러난 뒤 뒤에서 나쁜 소문을 퍼뜨린다'였다.

그 결과, 남성은 주먹이나 말로 직접 공격하겠다는 비율이 높은 반면 여성은 뒷담화로 복수한다는 비율이 높았다.

연구진은 질문을 한 가지 더 던졌다.

"공격할 때 주변에 남성이나 여성만 있을 때 어떻게 하겠는가?"

그 결과, 남성들은 주변이 모두 남성일 때 더욱 강하게 상대방에게 공격을 하겠다고 했고, 주변이 모두 여성일 때는 공격을 약하게 하겠다고 답했다.

반면에 여성들은 주변의 성별과 상관없이 뒷담화를 택했다.

그리스케비셔스 박사는 그 결과를 이렇게 해석했다.

---

19) Griskevicious, V.; Tybur, J.M.; Gangstad, S.W.; Perea, E.F.; Shapiro, J.R.; Kenrick, D.T. *Journal of Personality and Social Psychology*, 2009, *96(5)*, 980-994

"공격성은 자기보호보다는 사회적 지위 획득을 위한 '과시용'이며, 이러한 과시가 이성 짝 획득을 위한 무기가 된다."

이와 관련하여 불황기에 여성은 돈보다는 주변 친구, 가족, 직장동료와의 관계에서 더 행복감을 느낀다는 연구 결과도 있다. 닐슨 컴퍼니가 전 세계 51개국, 2만 8천여 명을 상대로 '행복지수'를 조사한 결과, 불황기에 여성은 주변관계의 친밀도에서 행복감을 느낀다는 것이다.

그러므로 당신이 남성이라면, 직장에서 여직원이 뒷담화를 하고 여직원끼리 쉬쉬 하며 소곤거려도 이해해 주어라. 또 당신이 여성이라면, 직장에서 남성 동료나 상사가 스트레스를 받아 다소 거칠게 행동하더라도 그를 이상한 눈으로 보지 말기 바란다.

남녀는 경쟁 혹은 대립 구도에 있지 않다. 오히려 여성의 적은 여성이라는 말이 있다. 여성은 남성이 보지 못하는 것을 보고, 남성은 여성이 보지 못하는 것을 본다.

2) 여성에게 수다를 장려하라

여성들이 좋아하는 수다를 활용해 업무 효율을 높일 수 있다.

여성들은 삼삼오오 몰려다니는 본능이 있다. 특히 여성들이 화장실에 우르르 몰려가는 것을 남성들은 이해하지 못한다. 여성들은 화장실의 용도를 생리적인 용도 외에 사교의 장소로 확장한 것이다. 여성들은 생리현상이 없어도 친구가 화장실 같이 가자고 하면 친분을 돈독히 다지기 위한 목적으로 따라 나선다.

회사 입장에서는 이런 여성의 특성을 이해하고 배려함으로써 여성의 능력을 배가시킬 수 있다.

예를 들면 여성 화장실을 예쁘게 만들어 정서적 친밀감을 더해 준다든지, 여성 전용 휴게실을 많이 만들어 '수다를 장려'하고, 사무실 꾸미기도 적극 장려하는 것이다.

한 연구에 의하면 수다를 떨면 불안과 스트레스를 해소해주는 호르몬(프로게스테론) 수치가 높아지는 것으로 나타났다. 수다는 행복 에너지의 원천이며 일의 원동력이다.

인터넷 채팅은 지나치지만 않다면 괜찮다고 본다. 다만 채팅은 중독성이 있기에 하루종일 채팅창을 켜놓고 수시로 업무가 방해될 정도로 하고, 채팅때문에 실수를 한다면 이는 개선해야 한다.

한국 남성들에게 전용 휴게실은 단지 흡연실일 뿐이고, 사무실 꾸미기 따위는 하지 않는다. 그렇다고 남자들이 말이 적을 거라는 고정관념은 깨라. 남자가 여자 못지 않게 수다를 떤다는 연구결과가 있다. 남자가 수자쟁이가 되는 경우가 있으니 바로 애인 앞에서이다. 그리고 남녀가 같이 있을 때도 수다를 많이 떨고 의견이 일치되지 않을 때 말이 많아진다. 이는 미국 캘리포니아대학 사회심리학 캠벨 리퍼 교수 등이 연구한 결과이다.

한국 남지들은 주로 술자리에서 수다를 떨고 내용은 주로 개인적인 일, 정치, 섹스, 돈얘기인데 80%는 남의 얘기다. 결국 수다는 인류를 발전시키고 남녀 모두에게 새로운 힘인 것만은 확실하다.

3) 직장 생활의 활력소인 뒷담화를 즐겨라

2010년 2월 12일 미국 앨라배마 대학의 여교수가 교수회의 도중 총을 난사해 3명이 숨졌다. 원인은 정교수로 승진하지 못해서 화가 나서 그랬다는 것이다. 이러한 사태를 막는 여러가지 대책이 나오지만 '뒷담화' 하나로 해결할 수 있다.

근대 이후의 서양인들은 약자라도 할 말은 바로 앞에서 하고, 또 치고받고 싸워서 결론을 내는 훈련을 거쳤다. 그러나 동양인들은 20세기까지도 하고 싶은 말을 연장자 앞에서 바로 하면 '싸가지' 운운하며 버릇없다고 혼내니, 꾹 참아야 하는 상황이 많았고 그 대안으로 남의 험담을 뒤에서 말하는 뒷담화를 택한 것이다.

조사에 의하면, 한국 직장인의 80% 정도가 뒷담화 경험이 있다고 하는데 이것은 미국 직장인보다 4배나 많은 것이다. 그 차이는 위에 적은대로 문화적 차이 때문이다. 걸핏하면 총을 들고 학교나 직장에 뛰어 들어가 총을 난사하는 미국인들의 이야기가 한국에서 벌어지지 않은 것은 모두 뒷담화 때문이다. 그러니 뒷담화는 나쁜 것만은 아니고 하나의 소중한 대안이다. 뒷담화는 꼭 필요한 하수도 역할을 한다. 버려야 할 것은 하수도에 버려야 소통이 잘 된다. 하수도가 막혀 물이 내려가지 않으면 상수도도 오염된다.

한국의 직장인들은 뒷담화에 대해 이중적인 태도를 취한다. 어떤 조사에서, 가장 싫어하는 유형이 뒷담화를 하는 사람이지만 50% 이상이 자신도 뒷담화를 한 경험이 있다고 한다.

이제는 도덕적 잣대를 들이대며 뒷담화를 금하지 말라. 뒷담화는 많은 직장의 스트레스를 해소하는 통로이다. 상사나 회사에 대한 불만과 불평을 내밀하게 교감하며 한바탕 웃고 나면, 앙금은 사라지고 새로운 마음으로 일을 할 수 있다.

어쨌든 뒷담화는 보편적인 인류가 가진 문화적, 진화적 산물이다. 널리 알려진 '임금님 귀는 당나귀 귀'라는 삼국유사의 한 설화도 그러한 상황을 잘 설명하고 있다.

신세대들은 믿지 못하겠지만 술자리에서 대통령 흉만 봐도 잡아가던 시절이 있었다. 그래서 그때는 뒷담화로 풀지 못하여 쌓인 스트레스 때문에 날마다 데모를 하여 사회가 시끄러웠다.

영국 서레이 대학의 사회심리학자 니콜라스 엠러 교수는 뒷담화가 사회(직장)를 발전시키는 원동력이라는 주장을 했는데 나(김율도)는 이에 적극 공감한다.[20]

엠러 교수는 300여 명의 사람들이 나누는 대화를 조사했는데, 뒷담화(gossip)가 그들 대화의 80%를 차지한다고 했다. 그러나 뒷담화 중 악의적인 말은 겨우 5%에 불과했다.

즉 뒷담화의 목적은 그 사람을 해하려는 목적보다는 쌓인 스트레스를 푸는 하나의 소통 방법이다. 뒷담화의 대상에 오른 사람은 오히려 이를 다행으로 생각해야 한다. 스트레스 받은 자가 뒷담화 대신 직접 공격을 한다면 그에게는 큰 치명상이 될 터인데, 결국 피해를 보지 않고 문제를 해결한 셈이기 때문이다.

---

20) Fiona Macrae 기자가 Nicholas Emler 교수를 인터뷰한 기사(London Daily Mail, 2009년 9월 8일.)

6장. 여성의 직장 불패 혁명 전략

1) 여성이 남성을 이기려면 패배한 남성을 지배하라

여성 직장인이 1천만 명 이상 넘어서고 있다. 신임법관의 70% 이상이 여성이고 국내 기업 중에서 여성이 창업한 비율이 40%에 달한다. 세상의 절반이 여성이듯 이제 경제부문도 절반은 여성인 시대에 들어왔다. 미래는 감성시대가 될 것이므로 조만간 여성이 주도군을 쥘 날이 올 것이다.

사실 남성이 주도권을 쥐고 있는 회사에서 여성이 성공하기란 매우 어렵다. 모든 결정권과 판단의 '기준'을 남성들이 쥐고 있기 때문이다. 어느 설문 결과 여성의 70% 정도가 승진에서 남성보다 불리하다고 생각한다고 했다. 그런 의미에서 여성 직장인은 약자이다. 신체적으로도 약자이고, 양육, 가사 등 상황적으로도 약자이다. 약자인데 똑같은 조건으로 시합하라고 하는 것은 사자와 노루의 싸움과 같다.

하지만 약자에게도 강점은 있기 마련이다. 그 강점은 대체로 강자가 가지고 있지 못한 것이다. 달리 말하면 남성의 강점 속에 약점이 존재한다는 얘기인데, 남성이 내세우는 우직함과 수치 분석적 능력 속에 있는 약점은 무엇일까? 바로 섬세한 감정과 언어능

력이다.[21]

지금은 물리력에 의존하는 시대가 아니고, 심리전이 게임의 법칙이 되는 시대이다. 당연히 여성의 성공 가능성도 그만큼 커졌다. 이는 그저 여성들에게 용기를 주려고 하는 말이 아니다. 실험결과가 이를 증명한다.

마다가스카르 섬 원숭이를 연구한 그로닝겐 대학의 헤멜릭 박사팀은 암컷이 수컷을 지배한다는 새로운 사실을 알아냈다.[22] 마다가스카르의 원숭이 무리에서는 한 번 싸움에서 이기면 자신감을 얻어 더 자주 싸움박질을 하게 되고, 이기는 놈이 더 자주 이겨 점점 지배력을 확대한다.

수컷들끼리 이렇게 싸우다보면 패배하는 수컷도 그만큼 많아지게 된다. 이 때 서열이 높은 암컷이 패배한 수컷 원숭이들을 지배하는 우두머리로 우뚝 올라선다는 것이다.

직장인도 마찬가지다.

예를 들어 남성의 수가 많은 토론에서 계속 어떤 남성들이 깨지고 있을 때 강한 여성 한 명이 그 남성들을 구원하는 말을 한다면, 여성은 그 남성들의 정신적 지주, 여신으로 올라설 수 있다.

경쟁이 치열한 사회일수록 패배하는 남성들이 많이 나오므로 여성의 지배력이 더 키지게 된다. 그러므로 약자인 여성이 성공하기 위한 가장 빠른 방법은 패배한 남성들을 지배하는 전략이다.

---

21) 위대한 예술가들 중에는 남성이 절대 다수라며 이의를 제기하지 말기 바란다. 그것은 그 시대적 분위기에서는 여성이 창작 활동을 하는 것 자체가 금지되었기 때문에 벌어진 현상일 뿐이다

22) Hemelrijk, C. K.; Wantia, J.; Isler, K. *PLoS One* **2008**, *3(7)*, e2678

2) 조선여성 CEO, 거상 김만덕에게 배워라

우리 역사에서 잘 알려지지 않았지만 조선시대에 여성의 신분으로, 어려운 조건을 이겨내어 큰 부를 이루고 재산을 사회에 환원하여 기업가 정신을 실천한 김만덕에게 배워보자.

김만덕은 1739년(영조 15년) 제주도 양인의 딸로 태어났으나 어려서 양친 부모를 질병으로 잃고 고아가 되었다. 외삼촌 집에서 더부살이를 하다가 은퇴한 기녀의 하녀가 되었다. 기녀는 만덕에게 노래, 춤, 악기를 가르쳐 기생일을 하게 했다. 20세가 된 만덕은 기녀라는 신분에서 벗어나려고 제주 목사에게 가서 자신은 원래 양반가문이므로 기녀 명부에서 이름을 삭제해 줄 것을 당당히 요청해 양인이 되었다.

30세에 결혼했지만 남편도 질병으로 사망하자 자신의 힘으로 사업을 하기로 마음 먹었다. 조선에 이앙법(모내기)으로 농업기술이 발전하자, 상업도 발전할 것으로 시대 변화를 읽고 객주(客主)를 차려 남해안의 항구도시와 교역을 시작하였다. 주로 제주 특산물인 귤, 미역, 말총, 양태(갓의 재료)를 육지의 옷감, 장신구, 화장품과 교환하였다. 무작정 뛰어든 사업은 텃새로 인하여 여러 번 실패를 하였으나 주위사람들의 도움과 그녀의 지혜로 극복하였다. 즉 요즘 말로 주문 생산 방식이라는 것을 도입하여 재고를 줄였고 작은 이익을 남기더라도 여러 사람과 함께 이익을 보려고 하였으며, 육지와 직거래를 하는 등 여러 방법을 시도하였다.

그녀의 사업감각은 뛰어나서 항구도시의 객상들과 거래를 했고, 물품은 서울까지 유통되었으며 제주관청의 물품조달도 도맡아 했다. 객주를

3곳으로 늘렸다가 마침내 그녀는 제주도에서 거상이 되었다.

그녀는 하늘이 도와 부자가 되었다고 생각하여 자만하지 않고 늘 검소하게 살았다.

1795년 남해안에서 일어난 폭풍으로 굶어죽는 사람들이 늘어나자 어렵게 모은 전재산을 내놓아 제주도 백성들을 구하였다. 요즘 말하는 오블리스 노블리제를 실천한 것이다. 이에 정조는 김만덕의 선행을 칭찬하여 의녀반수라는 벼슬을 주었다.

김만덕은 4가지 한계를 극복했다. 신분, 성별, 출생지, 그리고 비빌 언덕이 없는 가난한 환경.

김만덕은 고아였지만 좌절하지 않고 20세가 되자 자신의 신분을 바꾸겠다는 혁명적 생각을 하는데 신분제가 확고한 조선 시대에 신분을 바꾸겠다고 마음먹는 것 자체가 시대를 앞선 놀라운 행동이다.

현대에도 보이지 않는 신분제가 있는데 자신의 신분이 낮다면 어떤 방법으로 신분을 바꿀지 생각해 보라. 대다수 여성 CEO가 가장 중요하게 생각한다는 '인맥의 중요성'을 깨닫고 실천하는 것도 하나의 방법임을 제시한다.

여자라는 신분은 유교를 국교로 삼은 조선시대에는 그야말로 남자를 무조건 따르는(여필종부) 신분인데 당당히 이를 거부하고 뛰어넘었다. 지금은 그에 비하면 조건은 더 좋아졌으니 여성이라면 마음껏 뜻을 펼쳐보기 바란다.

지금도 성공한 여성 CEO 라고 하면 화제거리가 되고 대단하다

고 하는데 김만덕은 사농공상의 시대에 부를 축적하여 사람들을
몇 천명씩 살리는 일도 했으니 순응적이고 귀족적인 교과서 속의
다른 여성보다 더 위대하다.

3) 허리 굵은 여성이 승리한다

미국 유타 대학의 인류학자 엘리자베스 캐쉬단 박사는 유럽 4개
국과 비유럽 국가 33개국의 인구 통계를 조사했다.

그 결과 남녀평등이 이루어진 영국, 덴마크에서는 허리가 굵은
여성이 더 인기가 있다고 했다. 허리가 약간 더 굵은 여성이 경쟁
사회에서 더 경쟁력이 있기 때문이다.[23]

허리에 살이 붙는 것은 남성 호르몬과 연관이 있다. 즉, 지구력,
경쟁력, 결단력, 지배심이 강해짐을 뜻한다. 스트레스를 잘 견디게
만드는 코티솔 호르몬 역시 허리에 지방을 축적시킨다.

성공하고 싶은 여성들이여!

허리를 너무 가늘게 만들지 마라. 한국도 여성의 경제적 능력이
중요해지고 서서히 남녀평등의 사회로 가고 있으니 허리가 굵은
여성들의 선호도가 높아질 것이다.

나(김율도)는 한 보험회사에 고졸 경리 여사원으로 입사했다가
30여년이 지난 지금은 성공적으로 영업소 소장이 되어 위풍당당

---

23) Cashdan, E. Current *Anthropology*, **2008**, *49(6)*, 1099-1107

하게 사는 아줌마를 알고 있다.

그녀는 여상을 졸업하고 보험회사에 입사했다. 다른 사람보다 1살이 어린 18살이기에 취업이 어렵다고 하자 나이까지 고치는 억척을 보이면서 극적으로 취업했다.

직장 생활 10년째 되던 해, 자의 반 타의 반으로 그냥 결혼하고 집에 눌러 앉을 수도 있었다. 회사에서 나이많은 경리 여직원이라 퇴사를 종용했기 때문이다.

하지만 그녀는 과감히 더 이상 오를 수 없는 고졸 경리 여사원에서 벗어나, 자기 능력을 펼칠 수 있는 관리직으로 옮겨 성공적인 변화를 만들고자 했다. 그녀는 방법을 찾다가 영업소장으로 새로이 변신하기로 방향을 잡았다. 처음 소장으로 부임하니 업무환경도 다르고 사람들도 비협조적이라 울기도 많이 울었다. 경리라는 수동적인 업무를 하다가 사람들을 교육시키고 영업을 독려하는 능동적 업무로 바뀌자 적응하느라 시간도 많이 걸렸고 영업사원들이 초보 영업소장을 얕잡아 보고 골탕도 많이 먹였다.

가장 큰 고충은 자신을 '여사원'으로 보던 시선이, 자신이 관리자로 변신해도 변하지 않았다는 점이다.

하지만 그녀는 그런 시련들을 이겨내고 지금은 베테랑 소장이 되었고 50 가까운 나이에 야간대학을 다니며 끊임없이 노력하고 있다. 그녀도 허리가 굵다.

그녀는 나(김율도)의 친누나이다. 이 이야기는 특수한 이야기가 아니다. 신문에 날만한 이야기도 아니다. 이러한 이야기는 주변에서 흔히 볼 수 있는 예이다.

아줌마는 힘이 세다

우리나라에서 아줌마로 지칭되는 집단의 특징은 무엇인가?

우선 아줌마는 내숭을 떨지 않고 거침없다. 또 아줌마는 목소리가 크고 적극적이다. 아줌마는 가족이 있으므로 책임감이 강하다. 아줌마는 결혼, 출산 등 큰일을 경험했기 때문에 웬만한 일은 두려워하지 않고 척척 해낸다. 이 책임감이 얼마나 강한 것인지 미혼 직장여성들은 모를 것이다.

이러한 장점에도 불구하고 허리가 점점 굵어지는 아줌마를 평가절하 하는 이유는 남성의 잣대로 그들을 보기 때문이 아닐까? 기왕이면 다홍치마라고 젊은 미혼 여성을 더 선호하는 남성들의 말초적 이기심 때문에 아줌마를 우습게 여기는 것은 아닐까?

요즘은 아줌마들을 채용하여 업무 효율을 높이는 회사들이 늘고 있다. 예전부터 미혼여성의 고유 업무라고 생각했던 비서직은 기혼 여성은 풍부한 경험으로 사내의 여러 풍파에 능숙하게 대처해 진정한 비서가 무엇인지 보여주고 있다.

야쿠르트 아줌마들의 막강한 영업력은 이미 유명한 이야기이고, 보험이나 금융권의 영업조직이 아줌마들 없이는 돌아가지 않는다는 것도 상식에 가깝다.

'줌마렐라' 라는 신조어처럼, 허리 굵은 아줌마들은 신데렐라같이 꿈과 열정을 가지고 넘어져도 다시 일어나는 자세로 임한다면 성공할 수 있다.

적에게도 예의를 갖춰라

훌륭한 군 지휘관들은 적에게도 예의를 갖춘다. 어쩌면 이는 자신은 적에게 예의를 갖출 정도의 여유와 존엄을 가졌음을 과시하는 것일지도 모른다. 회사에서도 마찬가지다. 일개 평직원들에게도 예의를 갖추는 CEO가 있는 회사의 분위기는 다르다. 그런 회사에서는 부하들에게 모멸적인 언행을 일삼는 상사를 찾을 수 없다.

제3차 십자군 전쟁 말엽인 1192년.
싸움의 천재 잉글랜드 왕 리처드의 군대는 예루살렘으로 향하고 있었다. 이에 맞서는 시리아와 이집트의 술탄 살라딘은 나름대로 훌륭한 군 지휘관이었지만 리처드에는 미치지 못했다. 그는 리처드와의 정면 대결을 피하고 예루살렘으로 가는 길에 있는 모든 우물을 오염시키는 초토화 전술을 선택했다. 결국 리처드는 예루살렘을 코앞에 두고 후퇴했다.

그들은 야파에서 최후의 일전을 벌였다. 잉글랜드군이 1대 4의 열세였지만 그들은 중무장한 보병들이었다. 살라딘의 경무장 기병들이 아무리 공격해도 잉글랜드군의 무쇠 방패와 강철 갑옷을 뚫을 수는 없었다. 이 싸움에서 리처드가 단 2명의 전사자를 낸 반면, 살라딘은 7백 명을 잃는 대패를 당했다.

이 전투에서 리처드가 직접 10명의 기사를 거느리고 달려 나왔을 때 일이다. 그 모습을 본 살라딘이 크게 놀라 즉시 말 두 필을 리처드에게로 보냈다.

"위대한 왕이 걸으며 싸우는 법은 없습니다. 당신처럼 위대한 사람은 말에 올라 위대하게 싸워야 합니다."

변화에 대처해야
진정한 생존자다

1장. 눈치만 빨라도 직장생활이 편하다

눈치는 부정적으로 인식하지만 다른 말로 통찰력이라고 표현해도 된다. '눈치가 빠르다' 라는 말에는 동물적인 직감 혹은 육감이 강하다는 뉘앙스가 있고, '통찰력이 좋다' 라는 말에는 보다 지성적인 이미지가 강하다는 차이점이 있을 뿐이다.

예를 들어 모두들 웃고 있는데 나 혼자 안 웃거나, 내가 무슨 말을 했는데 분위기가 차가워지는 경우는 왜 일어날까? 이는 내가 그 사람들과 공감대를 형성하지 못하기 때문이다.

어떤 사람이 '맹장염 때문에 병원에서 고생하다가 퇴원했다' 는 이야기를 하면 눈치 있는 사람들은 이렇게 말한다.

"얼마나 힘들었어요. 그래도 건강하니 다행이에요."

하지만 눈치 없는 사람은 이렇게 말한다.

"병원들이 요즘 난리야. 독감환자들이 그렇게 많다며?"

이쯤 되면 국어의 주제파악부터 다시 공부해야 한다.

1) 사람들의 본심을 눈치 채기

사람들의 동작이나 말에는 의도하든 의도하지 않았든 본마음이 숨어있다. 특히 한국인을 비롯하여 일본인 등 동아시아 사람들은 직접적으로 말을 하지 않고 돌려서 말을 한다. 그래서 사람들은 그 속뜻을 알아채는 직관을 기본적으로 가지고 있다. 그 고도의 깊은 뜻을 모른다면 직장 생활이 다소 어려울 수 있다. 인터넷에 돌아다니는 '직장어'의 예를 들어보자.

직장어 : 이거 끝내고 퇴근하게.
속뜻 : 오늘은 야근이다.

흔히 '말귀를 못 알아 먹는다'고 하는데 이는 눈치와 관련이 있다. 농담으로 말했는데 진담으로 듣고, 은유적으로 말했는데 잘 못 알아들어 직유적으로 해석하면 난감하다.

위의 예에서 상사가 '이거 끝내고 퇴근하게'라고 말했는데, 대충 처리해놓고 칼 퇴근한다면 눈치가 없는 것이다.

또한 세대별로 사용하는 유행어나 은어의 의미는 서로 다르다. 심지어 요즘은 몇 살만 차이나도 무슨 말을 하는지 알아듣지 못하는 경우가 종종 있다.

물론 회사의 업무지시는 정확한 우리말로 해야 하지만 일상적인 의사소통에서도 문법을 강요할 필요는 없다. 젊은 세대들의 언어를 이해하는 것이 젊게 사는 방법이고, 더 격의 없는 의사소통을 할 수 있는 방법이다.

이번에는 행동으로 그 사람의 마음을 알아보자.

만일 어떤 사람이 주변의 물건을 만지작거리면, 그는 긴장하고 있다는 뜻이다. 또 테이블 위에 놓인 물건을 상대 쪽으로 밀어놓는 사람에게는 상대방보다 우위에 서고 싶다는 마음이 숨어있다. 또 내가 말했을 때 맞장구치지 않고 가볍게 미소만 짓는다면, 그것은 내 말에 동의하지 않는다는 의미이다.

눈치를 기르는 방법은 의외로 간단하다.

동료들과 평소에 많은 대화를 나누면서 그들의 눈빛, 표정, 말투를 관찰하고 분석하는 것이다. 눈치라는 것은 보고서를 쓰듯이 분석하는 것이 아니라 공감대를 느끼는 것이다.

어머니는 말 못하는 아기의 행동이나 표정, 울음소리만으로도 아기의 감정을 안다. 상대방의 입장이 되어 상대방의 감정을 느낄 수 있도록 감정이입을 해보면 눈치가 길러질 것이다.

무의식을 활용하라

다음 예를 보자. 외국 나간 동료가 귀국한다며 전화했다.

"1년만이다. 오늘 공항에 도착한다."

"그래, 몇 시에 추락하는데?"

그냥 웃고 넘어갈 수도 있지만 이 사람의 속마음은 그 동료가 돌아오는 것이 싫다는 것이다. 이를 잘 간파해야 한다.

무의식은 평상시에는 숨어 있다가 위기 때나 결정적인 순간에 튀어 나온다. 자기도 모르게 자주 반복하는 말투로부터 그 사람의 평소 성격이나 마음속의 상태를 짐작할 수도 있다.

예를 들면 다음과 같은 것들이 있다.

· 미안하지만 ~ : 매일 미안한 그는 남에게 피해의식을 가지고 있다. 소심하고 겁이 많다.

· 내가 말이야 ~ : 남 앞에 나서는 성격이다. 자기 없으면 안 되는 줄 안다. 하지만 독립성과는 별개이다.

· 솔직히 말해서 ~ : 거짓말을 잘 하는 스타일이다. 숨기는 것이 많고 진심을 잘 안 밝힌다.

· ~ 죽겠어 : 부정적인 말을 함으로써 힘든 점을 강조하려는 과장된 성격이다.

당신 주변 사람들의 특징적인 말투를 기록해보자. 그 사람의 옷차림, 행동, 등도 기록하여 데이터베이스화 해보면 그 사람의 성향을 보다 체계적으로 파악할 수 있다. 그러면 그 사람의 기분이나 본심을 눈치 채는 것도 어려운 일이 아니다.

삼국지의 주인공 유비가 조조 아래에서 일할 때였다. 조조는 유비에게서 역심을 발견하고는 그를 죽이기로 마음먹었다. 하지만 유비도 눈치 9단. 그는 조조의 의심 많은 성격과 야심을 잘 알고 있었기 때문에 극도로 행동을 조심하고 있었다.

어느 날 조조가 유비를 식사에 초대하여 좌담을 나누다가 느닷없이 천하에 영웅이 누가 있느냐고 물었다.

유비는 괜히 자신의 이름을 거론하거나 함부로 조조를 추켜세우려 했다가는 유언비어를 퍼뜨리는 반역자로 몰려 죽을 것임을 눈치 챘다. 그는 일부러 원소, 원술 등 다른 사람의 이름을 대며 조조의 눈길을 피했다.

그때 조조가 고개를 저으며 '천하에 영웅은 나와 그대뿐'이라고 단언한다. 본심을 들킨 유비가 놀라서 젓가락을 떨어뜨렸는데, 우연히 그 순간 천둥이 쳤다. 유비는 기회를 놓치지 않고 즉시 자신은 천둥을 무서워한다며 엎드려 벌벌 떨었다.

조조는 겁쟁이를 과대평가했다고 생각하고 유비에 대한 감시를 풀었다. 하지만 유비는 곧 원술을 친다는 핑계를 대고 조조를 벗어났고, 얼마 지나지 않아 반란을 일으켰다.

조조도 어지간히 눈치가 뛰어난 사람이었지만 유비가 한 수 위였다.

조조는 유비가 젓가락을 떨어뜨렸을 때 그의 본심을 알아차렸어야 했지만 천둥 때문에 그러지 못했다.

2) 업무의 이상 징후 눈치 채기

〈하인리히 법칙〉이란 책에는 다음과 같은 내용이 있다.[24]

1920년대 미국의 보험회사 관리감독관이었던 허버트 하인리히는 '1:29:300의 법칙'을 발견했다. 그에 따르면 노동재해 발생 과정에서 1명의 중상자가 나오기 전에 같은 원인으로 경상자 29명, 잠재적 상해자 300명이 나온다고 한다. 따라서 300번의 징후와 29번의 경고를 사전에 대비한다면 큰 실패를 막을 수 있다는 것이다.

---

24) 김민주, 〈하인리히 법칙〉, 토네이도, 2008

300번의 징후를 인식하는 것이 귀찮다고? 아무리 귀찮아도 큰 실패를 수습하는 것보다는 그 편이 훨씬 쉽다.

따라서 당신의 업무에서 어떤 이상 징후가 발견되면 반드시 선배나 상사에게 보고해야 한다. 상사는 이미 그 업무에서 비슷한 문제를 경험해 보았을 가능성이 높기 때문이다. 만일 아무런 보고 없이 시정에 나섰다가 오히려 더 큰 문제를 일으킨 경우에는 전적으로 당신의 책임이 된다. 회사는 항상 보고로 시작해서 보고로 끝나야 하는 곳임을 잊지 말자.

단, 문제를 보고만 하고 상사의 지시를 기다리는 소극적인 자세는 좋지 않다. 그보다는 조치 방법을 연구하여 '이렇게 하면 어떻겠느냐'고 건의하는 모습이 훨씬 믿음직해 보인다.

그리고 문제를 해결한 후에도 반드시 보고해야 함을 잊지 말자.

부하로부터 사후 보고가 없으면, 상사는 그 문제가 해결되지 않았다고 생각하기 때문이다.

3) 회사의 이상 징후 눈치 채기

영화 〈뻔뻔한 딕과 제인〉은 그 유명한 엔론 회계부정 사건을 모티브로 삼고 있는데, 이 항목에서 가장 권할 만한 영화다.

이 영화의 주인공 딕은 어느 날 갑자기 홍보담당 부사장으로 승진한다. 그런데 바로 다음 날 회사는 망했고, 회장은 공금을 빼돌려 도주했다. 딕은 회사가 망했다는 사실도 모르고 TV에 나와 엉

뚱한 소리를 하다가 온 미국의 비웃음을 산다.

이런 바보 같은 꼴을 안 당하려면 평소에 회사와 관련된 많은 정보를 수집하고 있어야 한다.

수시로 인터넷에서 회사에 대한 뉴스를 확인해 보라. 포털 사이트에 나오지 않는 경제지에서 뉴스를 확인해보는 것도 필요하다. 또 회사가 주주들에게 공개하는 재무제표와 대차대조표도 잘 보아야 한다.

그리고 당신의 인맥으로부터 새로운 소식은 없는지 주기적으로 확인해볼 필요가 있다. 특히 인사팀이나 기획팀에 있는 동기들은 당신에게 부서 변경 등의 정보를 한 발 빠르게 전달해 줄 것이다.

회사가 돌아가는 상태를 알면 당신의 업무태도는 훨씬 융통성이 있고 어떤 일을 어떻게 헤야 할지 보인다.

이것은 마치 최종 목적지가 어디로 가는 기차인지 알고 지금 어떤 역을 거쳐 가는지 알고 있는 것과 같은 이치이다. 당신 회사나 부서의 최종 목적지와 지금 어느 역을 통과하고 있는지 모른다면 여러 자료나 대화를 통해 먼저 그것을 알아두는 것이 좋다.

2장. 정보와 루머는 보이지 않는 무기다

1) 나만 모르는 정보와 나만 아는 정보

회사에서는 소소한 뉴스부터 황당무계한 뉴스까지 각종 뉴스가 돌아다닌다. 이 많은 뉴스는 두 부류로 나뉜다.

첫째는 '가치 있다고 생각되는 정보' 이고, 다른 하나는 '아무런 가치가 없다고 생각되는 루머' 이다.

하지만 누구나 다 알고 있는 정보가 다 가치 있을까? 반대로 루머 속에 진짜 정보가 있는 것은 아닐까? 이러한 질문을 하면서 정보와 루머를 접하기 바란다.

또 누구나 알고 있는 정보인데, 나만 모른다면? 나는 조직에서 고립되었다는 뜻이고, 오직 나만 아는 정보가 있다면? 나의 조직에서의 위치는 승승장구할 수 있다는 뜻이다.

누구나 알고 있는 정보를 가치 있게 만드는 방법은 무엇일까? 우선 그 정보를 바라보는 각도를 달리해 보자.

예를 들어 신문을 볼 때. 경제 예측을 목적으로 신문을 본다면 경제면 뿐 아니라 사회면, 문화면에서도 경제 예측과 관련된 기사를 찾게 된다. 실은 모두가 보는 경제면이 아니라 남들이 잘 보지 않는 면에서 나온 정보가 더 가치가 있다.

2) 루머는 인간만의 고도의 소통 방법이다

회사에서 루머에 시달려 본 적이 있다는 사람은 절반 가까이 되고, 77%의 직장인들은 사내에 돌아다니는 루머를 들어본 적이 있다고 한다.

루머의 종류로는 성격, 가정사 등 사생활이 가장 많고, 그 다음으로 사내연애, 이직설, 핵심인사와의 인맥설, 부적절한 승진, 연봉상승, 과거 직장 평판 등에 관한 루머도 있었다.

모든 인간의 행동과 문화가 진화의 산물이듯이 루머도 인간으로 진화한 결과의 산물이다. 동물들은 말이 없으니 루머가 없다. 아니 그보다는, 루머는 유대감을 형성하기 위해 진화된 하나의 행동양식이라고 보아야 할 것이다.

이러한 사실은 옥스포드 대학의 영장류 전문가 메레디스 스몰이 주장한 내용이다.[25]

무리지어 사는 개코원숭이(비비)는 '도전과 응전'을 실천이라도 하듯 서열가리기, 짝짓기, 먹이 때문에 날이면 날마다 싸움박질을 하며 보낸다. 이때 약한 원숭이는 힘센 원숭이의 털을 골라줌으로써, 힘센 원숭이의 보호아래 살아간다.

인간도 소집단에서는, 약자는 싸움보다는 강자의 털을 골라주면서 평화를 얻지만, 조직이 커지면 모두가 권력자의 털을 골라줄 수는 없다. 그래서 큰 조직에서는 권력이 없는 사람들끼리 루머를 통해 서로 간의 유대감을 키워 전쟁에 대비하도록 진화했다는 것

---

25) Small, M.F. LiveScience, 2008년 1월 4일.

이다. 즉, 털 고르기가 루머로 진화된 것이다.

루머는 권력에의 의지의 산물이며 또한 상처받은 마음을 달래려는 고차원적인 복수심의 결과이기도 하다.

그러한 관점에서 보면, 다양한 인간들이 모여 있는 회사가 루머의 천국인 것은 당연하다.

그러니 루머를 나쁘게만 볼 것이 아니라 소통의 대안으로, 혹은 약자의 스트레스 대안으로 생각하면 편하다.

회사에서 일어나는 루머에 대한 객관적인 사실을 좀 더 알아보자.

회사에서 보통 루머의 지속기간은 1개월에서 3개월로 보는데, 25% 정도는 6개월 이상도 지속된다고 한다.

그럼 루머는 누구로부터 듣는가.

남녀 모두 절반 가까운 사람들이 '동성동료'로부터 듣는다.

루머는 주로 위협을 느낀 사람이 경쟁관계에 있는 사람을 견제하기 위해 퍼뜨리는 경우가 많다.

루머의 전파 속도는 친구의 숫자가 6명 이상일 때 기하급수적으로 전파된다고 한다. 그러므로 루머를 빨리 전파시키려면 친구가 많은 사람에게 루머를 전파하는 것이 효과적이고 루머가 전파되지 않기를 바라면 친구가 적은 사람에게 말하라.

루머가 과연 사실로 확인되었는가에 대한 질문에는 50% 정도가 사실이라고 답했다. 그럼 반대로 50%는 헛소문이라는 것이다. 그러므로 어떤 루머가 돈다면 다 믿지 말고 50%만 믿으라.

3) 루머의 원인을 알면 루저가 아닌 위너가 된다

사람을 자살로까지 몰고갈 수 있는 보이지 않는 핵폭탄, 루머가 나도는 이유는 몇가지가 있다.

첫번째, 조직에 대한 불신이 일어날 때 불안을 해소하기 위해서 루머가 나돈다. 그러므로 루머가 많은 회사는 뭔가 불안하고 위태하다.

두번째, 사실 관계를 확인하기 위해서 루머가 나돈다. 공식적인 발표가 미진할 때, 뭔가 숨기려고 하는 느낌이 강할 때, 소통이 안 되고 일방적인 커뮤니케이션일 때 루머가 나돈다.

세번째, 상대를 공격하기 위해서 루머가 나돈다. 개인적인 공격과 집단간의 공격이 있는데 집단의 공격은 루머를 통해서 자신의 라인을 더욱 결집한다.

어떤 사회조직 심리학자들은 '상대에 대한 악의적인 소문은 조직원의 결집력을 높이는 효과가 있다'고 말한다. 그러므로 정치나 경쟁을 하는 모든 '게임의 법칙'에는 소문, 루머가 큰 역할을 한다.

조직원들에게 있어서 그 루머가 거짓인지 사실인지는 중요하지 않다. 그들은 맹목적인 험담이나 루머 자체를 통해 집단을 더욱 결집하기 때문이다. 그래서 선거철만 되면 각종 루머들이 돌아다니는 것이다.

만약 당신에 대한 루머가 돈다면 그 이유는 무엇일까?

앞의 이유 외에 당신이 조직과 커뮤니케이션을 잘 못했기 때문이다. 그도 아니면 당신의 언행에 실수가 있었기 때문 - 즉 루머가 아니라 진실 - 이다. 회사에 루머가 나돈다면 그 이유를 분석해 보라. 그러면 루머에 대처하는 당신의 자세를 찾을 수 있다.

조직에 대한 불신 때문인지, 사실관계를 확인하기 위해서인지, 상대를 공격하기 위해서인지 원인만 알아도 해결책을 찾는데는 어렵지 않다. 원인조차 모르기 때문에 스스로 괴로워하고 회사를 그만두는 사태까지 가는 것이다.

4) 당신이 루머의 주인공일 때 대처법

아는 사람은 알겠지만 몇 년 전 가수 나훈아가 야쿠자에게 성기를 잘렸다는 루머로 대한민국이 떠들썩한 적이 있었다. 루머가 루머를 낳고 겉잡을 수 없게 되자 급기야 그는 기자회견을 자처하며 한바탕 이벤트를 벌였다. 나훈아는 기자회견장 단상 위에 올라가 허리띠를 풀며 바지를 내리려 하며 말했다.

"여러분 중 대표가 나오면 내가 5분 동안 (성기를) 보여주겠다. 보고 믿겠는가, 그냥 믿겠는가."

아무도 그의 성기를 보자고 한 사람은 없었다. 사실 거기서 보자고 할 사람이 누가 있겠는가. 어저면 그는 그것을 미리 계산했을지도 모른다. 결국 그의 성기가 잘린지 안 잘린 지 아무도 확인하지 않았지만 나훈아는 이렇게 적극적이고 센세이셔널하고 화려한 쇼맨십으로 루머에 대처함으로써 단번에 루머를 없앴을 뿐 아니라 새롭게 조명도 받았다. 루머가 오히려 득이 된 경우이다.

반대로 탈렌트 고 최진실은 고 안재환과의 사채 루머에 시달리다가 결국 안타깝게도 자살을 택하게 되었다.

이처럼 루머도 내가 어떻게 하느냐에 따라 득이 되고 실이 될 수 있다.

당신이 루머의 주인공이라면 스트레스를 받을 수도 있지만, 반대로 당신은 존재감 있는 인물이며 루머의 대상이 될 정도로 중요한 사람임을 의미하기도 하므로 결코 나쁘게만 볼 것은 아니다.

그렇더라도 당신에 대한 루머를 내버려두는 것은 위험하다. 담대한 척 루머를 내버려두면 걷잡을 수 없는 혼란이 올 수 있다.

루머에 대응하는 방법에 있어서 대부분의 사람들은 참는 것으로 조사되었지만, 나훈아처럼 적극적으로 대처하는 것이 좋다.

예를 들면 동료나 팀원들이 모인 자리나 공식적인 자리에서 명확히 강력하게 해명하면 대부분 더 이상 의심하지 않는다.

클레오파트라와 안토니우스가 연합함대를 이끌고 옥타비아누스의 로마 함대와 싸운 악티움 해전 때의 일이다. 클레오파트라가 무슨 이유에서인지 전선을 이탈하자 안토니우스가 그 진의를 파악하기 위해 그녀를 따라갔다.

그때 옥타비아누스 쪽이 루머를 퍼뜨렸다.

"안토니우스가 연인을 따라 도망쳤다."

안토니우스는 즉시 복귀하여 그 루머를 진압해야 했지만, 그러지 않고 계속 클레오파트라를 따라갔다. 그 동안 연합함대는 장수로부터 버림받았다는 좌절에 빠져 자멸했다.

5) 루머를 사용하여 원하는 것을 얻는 방법

당신이 직접 루머를 만들어 원하는 것을 얻을 수도 있다.

예를 들어 남성인 당신이 회사 안에 일방적으로 좋아하는 여성이 있다고 하자. 당신은 직급이 낮은데 여자는 당신보다 직급이 높다. 그럴 때 서로 연애한다는 루머를 만들어 슬그머니 퍼뜨린다. 주변에서 둘이 연애하는 시선으로 본다면 일단 성공한 셈이다(물론 뒷감당을 확실히 할 계획을 세워두었다면 말이다).

이 부분은 다소 논란이 있겠지만 교과서에도 실린 향가 '서동요'에도 같은 사례가 나오기에 일말의 안도감을 가지고 소개해 본다. 이 책은 약자를 위한 책이기에 .

백제의 가난한 마장수 서동(훗날 무왕)이 신라 진평왕의 셋째인 선화공주가 미인이라는 소문을 듣고 서라벌로 간다.

서동은 꾀를 내어 아이들에게 서동요를 부르도록 퍼뜨린다. 루머를 퍼뜨린 것이다.

선화 공주님은 남몰래 시집 가서

맛동(薯童) 도련님을

밤에 몰래 안으러 간다네.

신라 황실에서는 그 루머를 듣고 선화공주를 귀양 보내는데, 그때 서동이 나타나 선화공주를 데리고 가 살게 되었다.

이 설화에는 다양한 해석이 존재하는데, 서동이 정치적 목적을 위해

공주 신분인 선화를 택했다는 설도 있다. 신라 왕실과 동맹을 맺음으로써 경쟁 왕자들을 물리치고 백제의 왕이 되었다는 주장이다.

몰론 사회적인 파장이 일 정도의 루머(박근혜 의원과 약혼설)를 공공연하게 떠들고 다닌다면 허위사실 유포죄에 해당하지만, 사내에서 애교로 봐 줄 정도의 루머 제조는 '새 발의 피'이고 때로는 약자의 전략으로써 필요한 것이다.

어린 시절에 누구는 누구를 좋아한대요, 하며 소문을 퍼뜨린 기억이 있는가? 이러한 본능적 행동이 발전하여 전략이 된 것이다.

회사 차원에서도 루머를 이용하여 직원들의 사기를 올리기도 한다. 사장이나 임원이, 믿음직한 직원에게 임금 인상이나 상여금 계획이 있다고 루머(혹은 사실)를 전파하도록 하면 그 내용을 들은 다른 직원들은 더 열심히 일한다. 이것은 영국의 연구자들이 입증한 바 있다.

반면, 루머를 사용하면 안 될 때도 있으니, 당신과 별 상관이 없는 사람들이 회사 누구와 연애를 하든, 이직을 하든 말든 그런 것은 당신이 관여할 바가 아니다.

3장. 직장인 역전승의 기술

1) 사상의학은 지피지기 도구이다

역전승을 하기 위해서는 진부하게 들릴지 몰라도 먼저 나를 알고 상대를 알아야 한다.

'내가 나를 모르는데 넌들 나를 알겠느냐'

이런 노래 가사처럼 나를 제대로 아는 것은 무척 어려운 일이다.

나를 아는 도구는 에니어그램, MBTI, DiSC4가지 기질 검사, IQ, EQ 검사 등등 무수히 많다. 이러한 서양적인 도구들로는 나를 알 수는 있지만 남을 알 수는 없다.

하지만 나도 알고 남도 알 수 있는 방법이 있으니, 바로 한의학의 대가인 이제마 선생이 정리한 사상의학이다.

사상의학은 얼굴, 체형, 행동 등을 통해 그 사람에 대한 많은 정보를 알려준다. 물론 여러 가지 체질이 섞여있는 경우도 있지만 그 경우에는 가장 많은 부분을 차지하는 쪽으로 분류하면 된다.

사상의학은 새로운 내용도 아니고 쉽게 찾을 수 있는 내용이지만 지피지기 통찰의 중요한 도구이므로 1쪽 조금 넘게 간단히 소개해 본다.

소음인 (少陰人)

· 외형과 건강 : 예민해 대리는 마른편이고 자주 소화가 안되어 많이 먹지 못하지만 성관련 이야기는 은근히 좋아한다.
· 성격 : 그녀는 외유내강형이다. 매사에 치밀하고 꼼꼼하다.
· 알맞은 직무 : 회계, 연구, 분석, 집필, 디자인 등 혼자 하는 업무나 인사부 등 통찰력이 필요한 업무에 알맞다.

태음인 (太陰人)

· 외형과 건강 : 한끈기 대리는 허리가 굵고 목덜미가 가늘다. 식도락가라 비만체질이지만 폐가 약해 자주 숨이 차다.
· 성격 : 공명정대하지만 자신을 드러내지 않고 오래 참는다.
· 알맞은 직무 : 업무 방법이 정해진 법률, 회계나 공무원, 단순 반복적인 생산직도 적응을 잘한다.

소양인 (少陽人)

· 외형과 건강 : 이명랑 대리는 상체보다 하체가 약하다. 콩팥이 약해 배설기관에 병이 잦다. 그의 어머니는 관절염이다.
· 성격 : 봉사정신이 강하고, 다혈질로 감정의 변화가 심하다.
· 알맞은 직무 : 기획, 홍보, 마케팅, 영업 등 활동적인 업무나, 감사업무, 신용사업 등 신뢰가 바탕이 되는 업무.

태양인 (太陽人)

· 외모와 건강 : 무대포 대리는 역삼각형 체형에 목덜미가 굵고 폐가 튼튼하고 간은 약해 술을 잘 못한다.

· 성격 : 일처리가 시원하고 추진력이 강하다. 사교성이 강하고 외향적이다. 자기위주로 제멋대로 행동하는 측면이 있다.

· 알맞은 직무 : 영업이나 섭외분야, 인사부, 신사업개척 분야 등 추친력이 필요한 업무에 알맞다.

체질을 알면 인간에 대한 통찰력이 생긴다. 나(김율도)는 사상의학을 접한 후 그 오묘한 과학성에 자주 감탄을 하곤 한다.

만약 어떤 사람이 한 직장에서 지루한 일을 10년째 하고 있다는 정보 하나만으로도 그는 태음인으로 가정해 볼 수 있다.

간이 안좋다고 한 어떤 사람이 저돌적인 행동을 했을 때 왜 그러지, 라고 의문을 품기보다 그는 태양인이기 때문이라고 생각하면 편하다. 겁없는 사람에게 '간이 부었다'고 말하는 것까지 이해하면 사상체질의 섭리를 통해 인간을 이해하는 것이다.

심지어 속궁합까지 알 수 있으니 사상의학이야 말로 사람에 대한 정보의 키워드이다. (소음인은 생식기능이 강하므로 성욕이 강하고 소양은 콩팥기능이 약해 성욕이 떨어진다.)

우리가 흔히 하는 신체관련 말 속에 체질이 있다. 비위가 약하다, 고 하면 예민한 소음인으로 남 앞에 나서기 어려운 사람이고 반대로 비위가 좋다, 고 하면 소양인으로 사람들 앞에서 잘 나서고 심장이 강하다고 하면 용감한 태양인이 많다.

물론 4가지 유형으로 딱 떨어지지 않고 섞인 경우도 많이 있다. 꼼꼼한 소음인이면서도 소양인 체질인 활동적인 사람들이 있는데 이들은 주로 연예인들이 많다. 4가지 유형을 보완한 팔상의학도 있는데 관심있는 독자들은 찾아읽는 것도 좋다.

2) 체질은 변하지만 억지로 활동파가 될 필요는 없다

이순신 장군은 태양인이다. 원리원칙주의를 고수하고 물러서지 않으며, 앞으로 나아가 전투를 해서 승리했다. 하지만 타협하지 않는 태도 때문에 억울한 누명을 쓰는 변을 당했다.

제갈공명은 소음인이다. 그래서 실행보다는 기획하고 생각하는 것을 잘하는 모사 업무에 천재적 재능을 발휘했다. 그는 행정가로서는 당대 초일류였지만, 대담함과 강인한 체력을 요구하는 군사 지휘관으로서는 재능을 발휘하지 못했다(소설은 소설일 뿐 현실에서는 신통치 않았다). 원래 자신과 안 맞는 일이었기 때문이다.

체질이라는 것은 항상 일관된 것은 아니고, 또 변하지 않는 것도 아니다.

19세기 피아노 음악계에서 쌍벽을 이룬 리스트와 쇼팽을 비교해 보자. 소양인으로 추정되는 리스트는 그의 현란한 음악 못지않게 화려한 사생활로 유명했는데, 나중에는 성직자가 되어 조용하고 내적인 음악을 작곡했다. 반대로 전형적인 소음인 쇼팽은 섬세하고 내성적이었지만, 그의 작품 중에는 화려함에서 리스트에 뒤지지 않는 폴로네즈와 왈츠도 많이 있다.

요즘은 대체로 활동적이고 적극적인 태양인이나 소양인이 환영받는 시대이다. 서양의 가치관을 더 우대하고, 고도산업화 과정에서 '산업역군'을 우선 순위에 두었기 때문이다. 그래서 많은 사람들이 '성격 개조'라며 태양인 혹은 소양인으로 체질을 바꾸려고 노력한다. 그러나 내성적이고 치밀한 성격을 억지로 외향적으로 바꾸는 것이 능사는 아니다. 이 세상 모든 사람이 태양인이나 소양인이라면 매일 싸움이 끊이지 않을 것이다.

당신이 소음인이라면 소음인의 장점을 적극 살려 자기 업무를 발전시키는 것이, 억지로 성격을 바꾸느라 시간과 노력을 허비하는 것보다 더 좋은 방법이다. 학의 다리가 길다고 자르지 마라.

소음인은 생각이 깊고 사물의 원리를 꿰뚫어 볼 수 있는 능력과 꼼꼼하고 사려깊어 의외의 능력을 발휘할 수 있다.

실제로 대한생명이 1억원 이상 소득을 올린 설계사 상위 300명(남성 100명, 여성 200명)을 조사하니 내성적이라고 말한 응답자가 54%로 절반을 넘었다.

중요한 것은 당신이 어느 체질이든 강점으로 승부하는 것이다.

3) 약자가 강자를 이기는 방법 4가지

회사에서 순위의 역전은 가능한가?

한 번 1등은 영원한 1등일 가능성이 높다. 부자는 망해도 삼 대를 가는 법이고, 부익부빈익빈은 성경 시대부터 이어져 온 것이다(마태효과).[26]

그러나 낙심하지 말라. 역량 역전이 안 되는 것은 아니니까.

---

26) 미국 사회학자 로버트 머튼은 성경의 마태복음 구절 '무릇 있는 자는 받아 넉넉하게 되고, 무릇 없는 자는 그 있는 것도 빼앗기리라' 에서 마태효과를 찾았다. Merton, R. K. *Science*, *1968*, *159(3810)*, 56-63

① 일단 3등을 목표로 하자 - 천하를 3등분 하는 원리

삼국지에서 제갈공명은 삼(3)고초려한 유비에게 천하삼(3)분지계(天下三分之計)를 권유한다. 형주에서 조조에게 쫓겨 무일푼으로 도주한 유비는 오나라의 힘을 빌려(원래 천하삼분지계는 오나라의 구상이었기 때문에) 파촉을 손에 넣음으로써 3국 대결구도를 만들게 되었다.

천하삼분지계(天下三分之計)는 천하를 3개로 나누어 그 중에 하나를 가지는 전략이다. 이 전략은 약자가 취해야 할 전략 중의 하나이다. 일단 자신의 자리를 '기타 등등'에서 최소한 '넘버3'로 만들어야 1등을 노릴 수 있기 때문이다. 그런데 왜 하필 3인가?

3이라는 숫자는 참으로 희한한 마술의 숫자이다. 일찍이 수학자 피타고라스는 3을 완전수라고 보았고, 중세 서양음악에서는 3박자를 완전한 박자라고 보았다. 기독교에는 삼위일체 사상이 있고, 권력은 3권 분립되어 있으며, 올림픽에서도 금, 은, 동 3위까지만 시상한다.

동양도 마찬가지다. 단군은 풍백, 우사, 운사 세 신하를 거느리며 내려왔고, 일본 황실의 권위는 3종의 신기로서 상징된다. 우리 민요도 3박자 계통이 많고, 우리는 아직도 삼세번이라는 말을 흔히 사용한다.

3의 신기함을 브랜드 시장 상황에서 찾아봐도, 대부분 각 업종의 시장은 상위 3개 업체가 지배하고 있다.

· 소주 : 진로, 두산, 금복주

· 정유 : SK, GS칼텍스정유, S-oil
· 피자 : 피자헛, 도미노피자, 미스터피자

천하삼분지계의 원리는 이렇다. 일단 3등을 하면 2등이나 1등을 노려볼 수 있지만, 4등으로 밀려나면 어려워진다는 것이다. 3파전과 4파전은 다르기 때문이다.

보통 빅3라는 말을 많이 쓴다. 3의 구조는 견제와 균형에 가장 적합한 구조이다. 시장에 둘만 있을 때는 둘 중 하나가 경쟁에서 이기면 게임이 그대로 끝나버린다. 남은 하나는 독점시장을 형성하겠지만 경쟁이 없기 때문에 이내 퇴보하고 만다. 반면 시장에 셋이 있으면 하나가 패배하더라도 다른 하나가 있으니 지속적인 경쟁이 가능하다.

시장에는 빅3기업(generalist)과 틈새주자(specialist), 그리고 경쟁력을 찾지 못해 사라지게 될 기업이 있다.

회사에서도 마찬가지다. 어떤 기준에서든 3등 안에 드는 사원이 있고, 4~5등에 머물지만 틈새를 공략하는 사원이 있고, 또 밀려날 처지에 있는 사원이 있다.

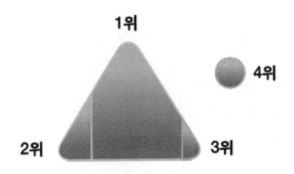

당신은 여기서 전략 설정을 명확히 해야 한다.

제반여건을 잘 살펴서 빅3에 들어갈 것인가? 아니면 아예 스페셜리스트 그룹으로 가서 틈새시장에서 살아남을 것인가?

당신이 3등 밖에 있을 때 1, 2, 3등이 누구인지 파악해보자. 당신의 첫 번째 타깃은 1등이 아니라 바로 3등을 차지하고 있는 사람이다. 그를 끌어내리고 당신이 그 자리를 차지하기 위해 그의 강점과 약점을 파악하라. 그러면 자연히 당신이 추구해야 할 분야와 보완해야 할 분야가 떠오르게 된다.

어떤 군사적 천재도 단번에 천하를 제패한 적은 없다. 알렉산더도 그리스를 평정한 후 페르시아를 노릴 수 있었고, 칭기즈칸도 몽고를 통일한 후 천하를 노릴 수 있었다.

② 4등 이후라면 게릴라 전술이 효과적이다

당신이 회사에서 3등 밖으로 밀려났을 때는 어떻게 해야 할까? 이 상황에서는 게릴라전으로 싸워야 한다. 오래 전에 알 리스와 잭 트라우트가 〈마케팅 전쟁〉에서 이 점을 말했기에 여기서는 짧게 언급하려 한다.

게릴라전은 소수의 비정규군이 지형지물을 이용하여 다수의 정규군을 기습 공격하는 전쟁 형태이다. 예를 들면 베트남전에서 베트콩들은 땅굴을 파고 들어가 미군의 배후에서 불쑥 불쑥 나타나 미군을 괴롭혔다. 쿠바 혁명의 영웅 체 게바라도 산악 게릴라전으로 유명했고, 중국의 모택동 역시 첩첩산중으로 장개석 군을 끌어

들여 세 번이나 장개석을 격퇴했다.

게릴라전에서는 기동력과 매복이 핵심이다.

가령 평소 약골로 보였는데 느닷없이 체육대회에서 1등 하는 것, 평소에 외국어와는 친하지 않아 보였는데 독일인 바이어에게 유창한 독일어를 구사하는 것 등 특정 상황, 특정 분야에서 숨겨놓은 재능이나 새로 익힌 재능을 발휘하여 두각을 나타내는 것이다. 그러면 시선 집중이 되고 능력이 돋보이는 것이다.

중요한 것은 이것이 한 번의 화제로 그쳐서는 안 된다는 점이다. 단 한 번으로 효과를 볼 수도 있지만 동에 번쩍, 서에 번쩍 하는 홍길동처럼 지속적인 '깜짝쇼'를 통해 누적효과를 쌓아야 한다. 게릴라전이 여러 번 성공하여 힘을 얻게 되고 지원군이 생기면 다시 정규전으로 넘어올 수 있다. 이미지가 재고되고, 사람들이 당신을 다시 보게 되니, 그때 그 동안 절치부심 갈고닦은 정규전 능력을 발휘함으로써 핵심인재 리스트에 복귀하는 것이다.

③ 적의 장점 무력화하기

상대방의 장점을 모방하여 따라잡으려 하지 말고, 다른 것으로 그 장점을 무력화시켜야 한다. 상대방의 장점이라는 것은 하루아침에 만들어진 것이 아니기 때문에 그것과 정면충돌하는 것은 너무 어려운 일인 까닭이다.

가령 당신의 라이벌이 당신보다 영어회화를 잘한다면, 당신은 중국어회화를 공부한 후 중국 파견 기회를 잡는다. 이것은 도망치는 것이 아니라 다른 길을 찾은 것일 뿐이다.

내(윤경환)가 벤처회사에서 부서 이동을 당한 후 새 부서에서 조금 자리를 잡았을 때 K라는 경력직원이 한 명 입사했다. K는 나보다 나이가 많았고 더 많은 경험을 가지고 있었다. 우리 두 사람은 같은 분석기기를 써야 했기 때문에 결국 서로 경쟁할 수밖에 없었다. 졸지에 2등으로 밀려난 나는 어떻게 K를 이겼을까?

K 사원은 그 전 회사에서 자신이 해온 방식을 고집함으로써 기존 직원들과 마찰을 빚었다. 인망을 잃었기 때문에 기존 직원들은 K를 도와주지 않았다. 또 K는 이 팀에서 자신이 가장 낫다는 자만에 빠져서 새로운 공부를 등외시하였다.

답은 나왔다. 나는 K보다 영어를 더 잘했다. 따라서 영어 논문과 기술 자료를 읽고 이를 실천하는 속도가 더 빨랐다. 이 자료들은 경험차를 순식간에 줄여주었을 뿐 아니라 나를 더욱 최신 기술로 무장시켜 주었다. 그리고 한 번 좌천의 경험이 있던 나는 팀원들과 잘 지내기 위해 새로운 지식을 아낌없이 전달했다.

얼마 지나지 않아 우리 둘의 역량 차이는 역전되었다. 그 후에야 K도 비로소 논문을 읽고 새로운 방식을 따라하려고 노력했지만 이미 늦었다. 그가 깔보던 기존 직원들은 거의 모두 그와 비슷한 수준에 도달했던 것이다. 그는 더 이상 자신의 장점이었던 경험에 대해 아무런 우월성도 가지지 못하게 되었다.

제2차 세계대전 초기 일본 항공모함의 제로 전투기는 세계 최고의 해군 전투기였다. 이 전투기는 그 당시 어떤 전투기보다도 항속거리가 길고 선회능력이 우세하였는데, 장갑이 얇고 주무기인 기관포의 관통력이 약한 것이 흠이었다. 이에 맞선 미군의 전투기 P-40는 제로 전투기에 비해 속도와 장갑은 우세하였지만 선회능력이 떨어졌다.

미국은 어떻게 제로를 무력화시켰을까?

미국은 굳이 제로의 장점인 항속 거리와 선회 능력을 따라잡으려고 하지 않았다. 대신 일본 전투기들이 마치 사무라이의 결투처럼 1대 1 대결만 선호한다는 데 주목했다. 그래서 미국은 2인 1조로 제로 전투기를 공격하는 전술을 채택하고, 이를 위해 무장과 장갑을 강화했다. 아무리 제로 전투기가 나비처럼 날아다녀도 맷집 좋은 미군기 2대가 달려드는 데에는 도리가 없었다. 또 아무리 일본 조종사가 1대 1 대결을 원한다고 해도 미국 조종사가 응하지 않으면 그뿐이었다.

그러자 일본은 미군과 똑같이 제로 전투기를 개량했다. 그런데 일본은 한 가지를 잊고 있었다. 오랜 전쟁으로 인해 훌륭한 파일럿 대부분을 잃어버렸다는 사실이다. 경력이 부족한 파일럿들은 칠면조처럼 일방적으로 사냥 당했다.[27]

④ 싸우지 않고 이기는 전략

손자병법에서 가장 이상적인 전략 원칙은 '싸우지 않고 이기는

---

27) '칠면조 사냥'은 마리아나 해전에서 일본 전투기 6백여 대가 우수수 격추당한 데서 유래한 말이다. 낮에도 별을 볼 수 있었다는 우수한 일본 조종사들은 전쟁 2년째에 이르러 멸종했다. 이는 일본 조종사들은 말도 안 되는 명령이라도 무조건 수행해야 했고, 비상 탈출보다는 자살 공격을 강요당했기 때문이다. 회사도 마찬가지다. 직원을 소모품으로 간주하는 회사의 직원들은 시간이 흐를수록 수준이 떨어지기 마련이다.

것'이다. 힘들게 백 번 싸워 백 번 이기는 것보다는 싸우지 않고 적을 제압하는 편이 훨씬 좋다.

삼국지에서 관우는 왜 유비에게 돌아왔을까? 또 제갈량은 왜 유비의 삼고초려를 받아들였을까? 그들이 유비의 인간성에 반한 것이라는 이유는 표면적인 이유이고, 그 이면에는 그것이 내부경쟁 없이 대권을 쥐는 가장 빠른 방법이었다는 점도 엄연히 존재한다. 유비에게는 뛰어난 무장도, 고도의 전략가도 없었기 때문에, 관우와 제갈량은 유비에게 가담함으로써 단숨에 그 분야에서 제1인자가 될 수 있었던 것이다. 즉 싸우지 않고 이긴 것이다.

회사 내부에서 싸우지 않고 이기려면 어떻게 해야 하는가?

위의 관우와 제갈량처럼 싸움이 필요 없는 곳으로 들어가면 된다. 희귀한 분야를 개척하든지 남이 들어가지 않은 분야를 재빨리 파악하여 그 분야의 전문가가 되는 것이다.

예를 들면 남들이 모두 영어, 중국어를 배울 때 베트남어나 아랍어를 배워 미래 시장을 대비하여 독보적인 존재가 되는 것이다. 그는 그 나라 관련 업무에서는 경쟁 없이 발탁되어 좋은 기회를 잡을 수 있다.

우리가 멸종 위기의 희귀동물을 특별히 보호하듯이, 당신은 희귀 인물이 된다면 회사의 특별한 취급을 받을 수 있다.

또한 회사 정치라인을 선택할 때도 모두 1등의 조직으로 들어가려고 할 때, 경쟁도 치열하지 않고 앞으로 성장 가능한 3등 정도의 라인을 선택함으로써 그 라인을 좌지우지하는 인물이 될 수 있다.

4) 방어의 기술 : 부드러운 것이 이기는 원리

서양인들의 방어에 대한 가르침은 〈군주론〉의 저자 마키아벨리 이래 다음과 같이 상당히 적대적이다.

- 자신이 위협적인 존재임을 과시하라.
- 위협을 맞받아 쳐라.
- 적의 약점을 위협하라.
- 예측 불가능하고 비이성적인 모습을 보여라.

한마디로 눈에는 눈, 이에는 이라는 식이다. 얼핏 보면 상당히 적극적으로 보이지만 맹점이 있다. 이 방법은 당신이 상대보다 강할 때 사용하면 승리한다. 하지만 힘이 비슷할 때의 결말은 상대가 죽든지, 당신이 죽든지 둘 중에 하나이다. 둘 다 살기를 원하면 이렇게 '너 죽고 나 죽자' 하면 안 된다. 이 방법으로는 내가 상대를 좋게 변화시키지 못하고, 나까지도 나쁘게 변화만 될 뿐이다.

이와 관련하여 복수심이 강한 사람은 실직할 위험이 높다는 연구결과가 있다.[28]

독일의 과학자들이 독일인 2만 명을 대상으로 조사한 결과, 복수심이 강한 사람은 그렇지 않은 사람들에 비하여 친구도 더 적고 삶의 만족도도 낮음을 발견했다.

이렇게 주변에 도와줄 사람이 적으면 사업실패나 실직의 가능성

---

28) Dohmen, T.; Falk, A.; Huffman, D.; Sunde, U. *The Economic Journal*, **2009**, *119*, 592-612

이 커지는 것은 당연하다.

보복하는 경향이 강한 사람은 주변인과 부정적 관계를 맺을 확률이 높고 부정적 결과를 초래하기 쉽다.

한나라를 세운 유방이 진나라를 멸망시켰을 때 그는 백성들을 해치지 않고 선정을 베풀었다. 그러나 그 뒤를 이어 진나라에 들어온 초나라 항우는 진나라 사람들을 보이는 대로 약탈하고 죽였다. 훗날 진나라 사람들은 유방에게 무한한 병력과 식량을 제공했다. 그리고 유방이 초나라 수도를 점령하였을 때, 진나라 출신 병사들은 그들이 받은 그대로 초나라 사람들을 약탈하고 죽였다.

① 웃으며 방어하라 : 죽자고 덤빌 때 웃자고 하면 이긴다

회사에서는 일에서 오는 스트레스보다도 사람들에게서 받는 스트레스가 더 많다. 의도하지 않은 일로 인한 인간적 갈등도 견디기 어려운데, 가끔은 악의적, 고의적으로 당신을 공격하는 사람들도 있다.

그럴 때 '똥이 무서워서 피하냐, 더러워서 피하지' 합리화하며 자꾸 피하기만 하면 상대는 더욱 당신을 괴롭힌다. 개는 도망치는 사람을 물고, 사람은 약한 자를 공격하려는 본성이 있기 때문이다. 19세기 제국주의 시대에도 유럽 열강들은 약소국들을 끊임없이 식민지화하려고 했다. 그들과 섞이지 않으려 했던 우리도 결국은 물려버리지 않았던가.

그렇다고 맞서서 싸우는 것도 정도껏이다. 매일매일 전쟁만 벌이다가는 삭막해서 살 수가 없다.

이 경우 최고의 방어책은 '웃음'이다.

당신에게 공격하는 사람에게 유머로 대응해보라. 웃는 낯에 침 뱉을 사람은 없다.

예를 들어 어떤 사람이 당신을 공격한다.

"더럽게 느리네. 사흘 걸리겠어."

그때 당신이 '그러는 당신은 얼마나 빨라서 그래?' 하며 맞받아치면 싸움으로 이어질 수밖에 없다. 하지만 그 경우,

"제 별명이 거북이예요. 그래도 토끼는 이기지요."

하며 자신이 느린 것을 인정하면서도, 은근히 자신의 능력을 과시하며 우화에 비유해보라. 통 큰 상대는 마음을 풀고 웃을 것이고, 속 좁은 상대라도 대놓고 반박하지는 못한다. 유머는 당장 싸울 태세로 중무장한 상대를 무장해제 시킨다.

동양은 전통적으로 근엄함을 존중했지만, 서구의 영향을 받은 요즘은 재미있는 사람이 대세다. 왜 일찍이 서양에서는 유머가 더 중요하게 여겨졌을까?

극동 지방은 정착 사회로 마을 사람들끼리는 다 아는 사이기에 새삼스럽게 유머로 신분 확인이나 관계설정을 할 필요가 없었다.

반면 여행과 이주가 활발한 서양인들은 서로 처음 만나는 경우가 많으니, 사람에 대한 경계를 풀고 싸움의 대안으로써 유머를 사용하였다. 그래서 유머를 발휘하여 상대를 웃기는 사람은 상대를 부드럽게 지배하며 권력을 잡은 것이다.

독일의 헬가 코트호프 교수는, 유머의 본질은 공격성이며, 유머를 구사하는 것은 상황을 장악하는 의미를 갖고 있다고 밝혔다.[29)]

코트호프 교수에 따르면, 여성들은 자기 만족을 위해 유머를 사용하지만, 남성들은 대체로 다른 사람들을 웃기기 위해 유머를 사용한다고 한다. 그래서 주로 남성이 재미있는 이야기를 하고 여성이 들어주는 형태가 많다. 남성들은, 여성이 웃기려고 들면 주도권을 뺏겼다는 생각을 하기 때문에 대체로 그 여성에 대한 호감도가 떨어진다고 한다. 현재 우리나라에서 최고 인기의 예능인들이 대체로 남성이라는 사실도 같은 맥락이다.

사회적으로 성공한 사람들이나 CEO들이 청중으로 참석한 강연회에서 잘 웃지 않는다는 사실도 유머가 권력이라는 점을 보여준다. 달리 말하면 상사나 당신의 적을 웃게 만든다면, 당신이 관계의 주도권을 쥐어 부드럽고 원활한 관계를 만들 수 있다는 얘기다.

다만 너무 과도하게 억지로 웃기려 하면 역효과가 난다. 상사가 그러한 행동을 자신의 지위에 대한 도전으로 받아들여 불쾌하게 여기기 때문이다. 따라서 유머를 구사할 때는 자연스러운 형태로 발휘하는 것이 좋다.

그러므로 꼭 웃겨야 한다는 강박관념을 가지고 유머집을 뒤진다든지 메모지를 꺼내며 썰렁한 유머를 자랑스럽게 펼칠 필요는 없다. 그러면 재미있는 사람이 아니라 우스운 사람이 될 뿐이다.

어떻게 자연스러운 유머를 키울 것인가?

위기 때마다 여유 있는 마음과 긍정적으로 세상을 바라보자. 그

---

29) Kotthof, H. *Journal of Pragmatics*, 2006, *38(1)*, 4-25

러면 낙천적이 되고 자연스럽게 유머가 생긴다. 또한 유머에 대한 특별한 기술이 없으면 그저 잘 웃는 것만으로도 상대방을 편하게 만들 수 있다. 회사에서 분위기를 즐겁게 하는 사람은 모든 사람들이 좋아한다는 사실은 주위를 둘러보면 쉽게 알 수 있다.

도요토미 히데요시는 웃음의 달인이었다. 그의 주군인 오다 노부나가는 매우 과격한 성미로 유명하여 부하들을 구타하기도 했고, 부인들을 처형하기도 했다. 하지만 도요토미 히데요시는 어떤 위기가 닥쳐도 실실 웃었고, 필요하면 원숭이 흉내를 내면서 노부나가의 화를 풀었다. 그는 같은 방식으로 노부나가의 가신들 대부분의 호감을 사 성공적으로 일본을 통일했다.

② 상대의 힘을 역이용하라

상대의 힘을 역이용하는 운동 중 대표적인 것은 씨름이다. 몸집

이 작고 상대적으로 힘이 약한 선수가 몸집이 큰 선수를 이길 수 있는 경기가 바로 씨름이다.

그런 의미에서 우리 선조들은 참 민주적이었다. 약자도 이길 수 있는 씨름을 민족 고유의 운동으로 이어 내려오게 했으니 말이다. 어쩌면 이러한 약자를 배려하는 씨름을 통해 민초의 고통과 시름을 달랬을 것이다.

몸집이 큰 선수는 몸집이 작은 선수에 비해 절대적으로 유리하지만 두 가지 측면에서 불리하다. 첫째, 그 몸집을 유지하기 위해 과중한 에너지를 섭취해야 한다. 둘째, 민첩성이 떨어져 힘의 중심을 쉽게 이동시킬 수 없다. 몸집이 작은 선수는 바로 이 약점을 파고들어야 한다.

만약 회사에서 당신을 공격하는 사람이 있다면 항복해서는 안된다. 그 사람이 아무리 당신보다 센 사람이어도 위에서 언급한 두가지 약점을 완전히 방어하지는 못한다. 그러니 상대방의 힘을 더 증폭시켜 결국 자폭하게 만들어 보자.

예를 들어 이런 일을 생각해 볼 수 있다.

당신이 정당하게 경쟁해서 승진했는데, 반대 파벌이 단지 당신이 마음에 안 든다고 당신을 끌어내리려 무리하게 공격한다. 이때 그냥 숨죽이거나 도망가지 말고, 승부사적 기질로 상대방의 공격을 더욱 증폭시켜 보라. 시기하는 파벌들은 이성을 잃고 당신을 파멸시키기 위해 모함하는 무리수를 둘 것이다. 한번 저질러진 모함은 돌이킬 수 없고, 어디로 튈지 조절도 안 된다.

그러나 다른 직원들은 당신의 진정성을 알고, 또한 시기하는 무리들의 과욕을 안다. 이때 당신에게 동조하는 직원들의 힘을 빌려 같이 인내하고, 같이 맞서 싸우고, 함께 위기를 타파해 나가라. 시기하는 파벌들은 과욕에 의하여 역풍을 맞게 될 것이다. 보편성과 진정성을 외면한 무리한 모함은 결국 패배하고, 경영진도 회사를 위한 진정성에 손을 들어줄 것이다.

제1차 세계대전 당시 갈리폴리 전투가 그러했다. 1915년 영국 연방군은 터키의 갈리폴리 반도를 공격했다. 약체일 줄 알았던 터키군이 죽기 살기로 그곳을 사수하자, 자존심에 상처를 입은 영연방군은 더 많은 부대를 보냈다. 총 48만 명의 연합군이 동원되었지만, 이 연합군은 너무 비대해졌다. 보급에 차질이 생겼고, 발을 빼기에는 국내의 비난이 두려웠다. 그들은 그곳에 발이 묶여 25만 명이나 잃은 후에야 후퇴했다. 영국의 지휘관들은 모두 자리에서 물러났지만, 터키의 지휘관이었던 케말 파샤는 훗날 터키의 대통령이자 국부가 되었다.

최선의 방어 전략은 무엇인가?
바로 '정론' 즉 '정당성'과 '대의명분'이다. 잘못한 일이 없고, 하늘을 우러러 한 점 부끄럼이 없다면 결코 '좋게좋게' 물러설 필요가 없다. 상대방은 더더욱 당신을 공격하기 위해 '정도'를 넘어서게 되고, 그는 타인의 비난을 자초하여 자폭하고 만다.

4장. 위기일수록 전체를 보아라

1) 위기를 활용하여 기회 포착하는 법

① 개인적으로 위기가 닥쳤을 때

직장에서 개인적인 위기로는 좌천, 권고사직, 업무실수, 루머, 슬럼프, 파산, 이혼, 가정사, 건강 문제 등이 있다.

위기관리를 잘못하면 '추락하는 개는 뒷다리가 맛있다'의 주인공이 될 수 있다. 연예인들은 주로 음주운전, 폭행사건, 표절, 사소한 발언, 거짓말, 섹스런련등으로 한 방에 추락하고 다시 날아오르지 못하는 경우가 많다. 그 중 가수 백지영은 다시 재기에 성공했는데 그 스토리를 찾아 읽는 것도 도움이 될 것이다.

연예인 못지않게 직장인들도 위기관리가 중요하다.

〈불안한 조직〉의 저자 제프리 밀러가 말한대로 위기가 닥치면 자동차가 터널에 진입한 것처럼 시야가 좁아져 판단력이 흐려진다. 또 이런 현상이 누적되면 조직도 위태로워질 수 있다.[30]

위기가 왔을 때는 빨리 터널에서 벗어나 한 발 물러나서 바라보는 것이 좋다. 당황하고 불안할 때는 유연한 사고가 부족해지므로

---

30) Jeffrey Miller, 〈The Anxious Organization〉, Facts on Demand Press, 2008

잘못된 판단을 내리기 쉽다. 따라서 뒤로 물러나 나 자신을 객관적으로 봄으로써 실마리를 찾는 것이다.

예를 들어 이유 없이 한직으로 발령 났을 때. 자신을 그렇게 만든 사람에게 복수하고 싶기도 하고, 회사를 그만둘까 생각이 들 수도 있겠지만 잠시 여유를 갖고 생각을 다듬어 보자.

앞만 보고 달리다가 옆을 보는 것이다. 그러면 그동안 보지 못했던 점들이 보인다. 한가해지니 건강을 챙길 수 있고, 여유 있는 시간을 가지니 취미생활로 보람을 찾을 수 있다. 그러고 보니 더 큰 발전을 위해 이것도 나쁘지 않다는 것을 알 수 있을 것이다. 또 그 동안 바쁘다는 핑계로 지나쳐온 일과 사람들을 다시 한 번 돌아보고, 여유있는 시간과 정신으로 그들에게 좋은 협력자가 되어 좋은 평판을 얻으니 오히려 더 큰 도약을 할 수 있는 기회가 되는 것이다.

다른 각도에서 나를 본다면 잘못했던 점을 발견하여 고쳐나가고 새로운 모습으로 일할 수 있어 더 큰 발전이 있을 것이다.

삼성물산에서 승승장구하던 이채욱 해외사업본부장도 어느 날 자본금 절반이 잠식된 삼성물산/GE의 합작법인으로 발령받았다. 처음에는 그도 한직 좌천이라고 좌절했지만, 이내 마음을 달리하여 8년 만에 그 회사를 연평균 46%의 성장률을 자랑하는 회사로 탈바꿈시켰다. 그리고 그는 곧 GE 코리아의 한국 사장이 되었다.[31]

---

31) 김해동 외, 〈나의 꿈은 글로벌 CEO〉, 월간조선사, 2004

② 조직에 위기가 닥쳤을 때

조직의 위기에는 소비자 불매운동, 클레임, 안전사고, 법적인 소송부터 파업, 부도, 합병 등 큼직한 위기까지 많다. 물론 예고된 위기도 있지만 CF 모델의 자살처럼 예상치 못한 위기도 있다.

UC버클리 대학의 심리학자 데서 켈트너의 연구결과, 조직에 위기가 닥쳤을 때 결정권자가 애매모호한 입장을 취하면 구성원들은 이를 불길한 징조로 받아들일 가능성이 높다고 한다.[32]

당신이 팀의 리더라면 구성원들을 안심시켜야 하고 당신이 구성원이라면 이것이 기회라고 생각하라. 즉 리더를 보좌하여 위기 극복에 일조를 하면 팀에서 급부상할 수 있다.

오히려 위기를 길목에서 기다리는 것도 괜찮다. 위기를 대비하여 매뉴얼을 만들고 아이디어를 가미해 해결해 나간다면 '위기는 기회다'라는 말을 직접 실천하는 것이다.

오다 노부나가가 한 번은 전투 도중 동맹의 배신 때문에 큰 위기에 몰린 적이 있었다. 노부나가 자신이 가장 먼저 말을 타고 도주했고, 부하 장수들은 어찌할 줄 몰라 우왕좌왕하기만 했다. 이때 말석에 있던 도요토미 히데요시가 '내가 후방에서 적을 막을 테니 모두 도주하시오'라며 나섰다. 그는 막심한 피해를 입었지만 적을 막았고, 노부나가는 돌아온 히데요시의 손을 꼭 잡으며 그에게 감사했다. 히데요시는 곧 출세가도를 달렸다.

32) Keith Oatley, Dacher Keltner, Jennifer M. Jenkins, 〈Understanding emotions〉, Oxford, 2006

회사에서는 인위적으로 위기를 만들어내기도 한다. 무사안일주의에 대비하여 위기를 적절하게 관리하는 것이다. 변화 관리의 전문가인 하버드 대학의 존 코터 교수의 주장이 이 점을 잘 뒷받침해주고 있다.

"위기감을 만들고 관리할 때 조직은 혁신의 원동력을 갖게 된다."[33)

한편 승승장구할 때도 위기라고 생각해야 한다. 전쟁사에는 한 번의 승리 후 방심하였다가 역습당한 예가 무수히 많다.

기회 다음에는 항상 위기가 도사린다. 당신이 업무를 잘 처리하여 상사에게 칭찬받은 경우에도 당신은 침착해야 한다. 전장에서 자만과 방심은 허용되지 않음을 명심하자.

2) 환경의 변화에 무조건 순응하지 마라

주식 시장의 금언 중에는 '시장에 나를 맞추라'는 말이 있다.

이것은 혁명적 정신과는 반대되는 말처럼 보인다. 하지만 자연을 거스르지 않는다는 정신에서 보면 또 옳은 말처럼 들린다. 과연 무엇이 맞는 말일까?

바람직한 것은 자연에 순응하되 댐건설이나 기상예보 시스템처럼 적극적인 방어와 대비가 필요하다는 것이다.

자연 현상 중에서도 거스를 수 없는 홍수, 태풍, 가뭄 등 천재지

---

33) 존 코터, 〈위기감을 높여라〉, 유영만, 류현 옮김, 김영사, 2009

변은 이를 대비하고 극복하는 방법이 최선이다.

회사에서도 개인이 거스를 수 없는 많은 변화가 일어난다. 부서 개편 및 분할, 회사 전체적으로도 분사, 합병 등 굵직한 사건이 발생한다. 이것은 개인의 힘으로 어떻게 할 수 있는 상황이 아니지만 자신이 할 수 있는 최대한의 벙어를 하고 주변에 일어나는 부분에 대해 혁신하라.

가령 당신이 다니던 '(주)먹혀' 회사가 '(주)먹어' 회사에 합병된다면? 분명히 이 상황을 받아들이지 못하고 '(주)먹어' 회사에 반대하는 사람들이 나타날 것이다. 일단은 할 수 있는 방법을 동원하여 자신의 회사를 지키는 것은 애사심에서 나오므로 바쁘지 않다. 하지만 일단 일정한 절차를 밟아 합병되었다면 당신은 일단 '(주)먹어' 회사의 직원이라는 현실을 받아들여야 한다. 당신은 이질적 기업문화에 적응하지 못해 회사에서 나가는 사람들을 종종 보게 될 것이다. 미국의 타임워너와 AOL도 이러한 이유로 합병에 실패했다.

그러나 변화된 상황에서 '(주)먹어' 회사의 올바른 문화를 받아들이고 나쁜 문화는 개선하거나 배척하면 된다. 넓은 포용력으로 받아들이되 무조건이 아닌, 생각하면서 받아들이는 것이다.

또 당신의 새 팀장이 '(주)먹어' 회사에서 온 사람이라면, 그의 생각을 존중하고 '(주)먹어' 회사에 필요한 것은 추천한다. 서로 다른 문화에서 커 온 사람임을 인정하고 조율하고 절충해 나가는 것이다. 회사는 나라의 합병과는 조금 다르게 바라봐야 한다.

5장. 토론과 토의에서 지지않는 법

1) 회의는 자신을 알리는 좋은 기회이다

회의는 직장인들에게 최악의 시간 중 하나로 여겨지고 있다.

도대체 회의 시간의 어떤 점이 문제일까? 회의 문화의 문제점은 다음과 같았다.

① 장황하게 시간만 길어지고 결론이 나지 않음

② 지시 · 보고만 있는 형식적인 회의

③ 남의 말을 귀담아 듣지 않고 자기 고집만 세움

④ 무조건 회의부터 하고 보는 회의 지상주의

그러나 생각을 바꿔보자. 회의는 당신의 실력을 보여줄 수 있는 시간이다. 당신이 약자이거나 여성이라면 더욱더 회의 시간을 이용하여 당신의 능력을 보여주어야 한다.

언제 회사에서 자신의 공식적인 이야기를 할 수 있는 시간이 주어질까. 회의 시간만이 당신에게 부여되는 발표시간이다. 회의는 실제로는 좋은 아이디어를 내어 회사에 도움을 주는 시간이지만 자신의 실력과 매력을 알리기 위한 시간이라고도 생각하라.

2) 회의는 자리 싸움이다

회의는 말로 하는 것이지만 그 이전에 자리 싸움이다. 회의에서 자리의 위치와 심리의 관계를 아는 것만으로도 절반은 이기고 들어갈 수 있다. 사회에 소셜 포지션(Social position)이 있다면, 회의에는 미팅 포지션(Meeting position)이 있다.

'자리 위치만으로도 존재감을 바꿀 수 있다' 는 미국의 조직심리학자 샤론 리빙스턴의 연구에 따르면, 앉는 자리에 따라 7가지 유형으로 나눌 수 있다고 한다.[34]

회의의 최고결정권자는 벽을 등지고 출입구를 보고 앉는다. 회의 도중 출입문을 드나드는 사람을 확인하기 위해서이다.

최고 결정권자에 추종하고 충성하는 이른바 예스맨들은 리더의 오른쪽에 앉는다.

한편 리더의 왼쪽에 앉는 사람은 비판적 동조자로서, 큰 원칙은 리더의 말에 동의하지만 각론에서는 비판적인 의견을 낸다.

테이블 중간에 앉는 사람은 중도자로 중재자 역할을 한다.

리더를 정면으로 마주보는 사람은 반대파로 격렬한 논쟁을 벌일 수 있다.

탁자 모서리에 앉는 사람들은 자신을 잘 드러내지 않는다. 그들 중에는 그저 지켜보며 살피는 방관자, 관조자가 많다.

탁자에서 떨어져 앉는 사람은 당연히 아웃사이더이다.

이 같이 회의실의 자리에서 나타나는 지위와 그들의 심리를 파

---

34) Businessweek, 2007년 7월 23일

악함으로써 전체 팀원의 성향과 마음속을 볼 수 있다. 동시에 나의
위치를 인위적으로 정하여, 안건에 대한 나의 포지션을 나 스스로
가 정할 수 있다.

어떤 결론이 나올지
지켜보는 **손권**
(방조자)

제갈량을 죽이려는 **주유**
(반대자)

회의에 관심없는 **손상향**
(아웃사이더)

주유와 제갈량을
중재하는 **노숙**
(중재자)

제갈량의 충신 **조운**
(적극 추종자)

시큰둥하지만 제갈량의
지시를 따르는 **관우**
(비판적 추종자)

작전을 주관하는 **제갈량**
(보스)

영화 〈적벽대전〉의 인물들이 회의를 한다면 위와 같은 형국이
될 것이다. 제갈량이 의견을 내놓으면 조운은 적극 찬성하고, 관우
는 다소 비판적이지만 찬성한다.

주유는 어쨌든 제갈량을 죽이려 하고, 노숙은 그 두 사람 사이
를 중재한다. 손권은 어떤 작전이 나올지 지켜는 보지만, 손상향은
회의에 아무런 관심도 없다.

3) 가장 마지막에 말하면 승리한다

심리학이 밝힌 최신 효과를 이용함으로써 토론이나 회의에서 깔끔하게 승리할 수 있다. 다음 문장을 보자

① 그 사람은 잘 생겼지만 머리가 나빠.
② 그 사람은 머리가 나쁘지만 잘 생겼어.

두 문장 중 어떤 문장이 그 사람에 대한 인상을 긍정적으로 만들까? 당연히 ②번 문장이다.

이는 문장의 뒷부분이 긍정적이기 때문이다. 두 문장 모두 긍정적인 내용과 부정적인 내용을 가지는데, 그 위치는 서로 반대된다. 이렇게 위치를 바꾸는 것만으로도 의도적으로 당신이 원하는 뉘앙스로 의미를 전달할 수 있다.

또 누군가 의도적으로 이렇게 말했다면 이 눈속임에 넘어가면 안된다.

장시간을 열심히 토의했는데도 결론이 나지 않을 때, 그때까지 한 마디도 하지 않던 사람이 한 마디 던짐으로써 그 의견을 최종 결론으로 만드는 경우를 경험해 보았을 것이다.

서로가 서로를 반박하다 보면 이미 나온 의견들에는 모두 부정적이고 고루한 이미지가 덧씌워진다. 이렇게 모두 지친 상태일 때, 회의 막바지에 가서 지금까지 나온 의견을 정리하면서 자신의 생각을 말하는 것만으로도 회의를 평정해 버릴 수 있다. 당신은 마지막에 웃으며 승리하는 것이다.

이와는 정반대로 '초두효과'라는 것도 있다. 이것은 한 사람이 여러 사람에게 강연할 때 효과적인데, 사람들은 처음 나온 정보를 가장 강하게 받아들인다는 내용이다.

예를 들면 '지금부터 제가 아주 웃기는 이야기를 하겠습니다.' 하고 말하고 시작하면 덜 웃겨도 웃는다는 것이다

다음 예는 위 두 가지 전술이 얼마나 효과적인지 보여준다.

도요토미 히데요시의 사후인 1600년, 도쿠가와 이에야스가 도요토미의 잔당을 쓸어버리려고 세키가하라 전투를 계획했다. 그의 동맹 영주들이 전투에 앞서 회의를 가졌다. 이때 영주들 중 상당수는 아직 도쿠가와에게 붙을지 도요토미 잔당에 붙을지 결정하지 못한 상태였다.

후쿠시마 마사노리라는 막강한 영주가 초두효과를 노렸다.

"이에야스님에게 충성하겠소!"

그러자 다른 영주들도 서로 충성하겠다며 한 마디씩 했는데 그 내용은 대동소이했다.

한 동안 지루한 소동이 이어진 후 야마우치 가즈토요라는 힘도 없고 줄도 없는 영주가 대미를 장식했다.

"제 영지를 바치겠습니다."

그러자 모든 영주들이 그 뒤를 따라 영지를 바치겠다고 맹세했다.

그 공을 인정받아 세키가하라 전투 후 후쿠시마 마사노리의 영지는 20만 석에서 50만 석으로, 야마우치 가즈토요의 영지는 6만 석에서 20만 석으로 넓어졌다.

4) 토론의 2대 원칙

원칙 1. 논리와 감성을 적절히 섞을 것

논리와 감정을 적절히 섞음으로써 성공적인 토론을 할 수 있다. 논리로만 토론하면 너무 딱딱하고, 감정으로만 토론하면 너무 단세포적이기 때문이다.

이때 핵심 포인트는 논리를 얼마나 쉽게 설명하느냐이다. 쉽게 설명하기 위해서는 감성을 사용해야 한다.

내(윤경환)가 아는 한 직원은 오래된 중고 분석기기를 사용하여 4억 원짜리 최신 기기와 동등한 실험 결과를 내놓았다. 그 최신 기기는 한 번 빌려서 사용하는 데만도 100만원이 드는 고가 장비였다. 이 내용을 비전문가인 사람들에게 프레젠테이션하면서, 그는 다음과 같이 그 성과를 설명했다.

"마티즈 17대를 벌었습니다."

이것은 비용을 몇 원 절감했다는 말보다 더 간접적인 표현이었지만 분명 훨씬 효과적이었다.

광고제작부서는 소비자 설득의 달인들이 모인 곳이다. 이들은 이성과 감성을 적절히 섞어 광고물을 만든다. 그래서 '차가운 머리와 뜨거운 가슴'을 슬로건으로 삼는 사람들이 많다.

광고표현에서는 감성적인 카피와 영상으로 채워져 논리라고는 없는 것처럼 여겨지지만, 사실 그 기저에는 철저한 과학과 논리가 깔려있다. 예를 들면 광고에 아기나 아름다운 미남미녀, 귀여운 동물들이 종종 등장하는 이유는, 사람들이 3B(Baby, Beauty, Beast) 에 대해 훨씬 집중한다는 심리 이론 때문이다. 또한 광고제작부서 는 철저한 소비자 조사를 통해 나온 결과를 토대로 제품의 이름을 정하고 컨셉을 설정한다. 치밀한 조사와 논리를 근거로 삼되, 표현 은 감성적으로 하는 것이다.

여기 진지한 대리가 있다. 그가 아이디어 회의에서 아무리 좋은 아이디어를 내놔도 채택이 되지 않는다. 그런데 유쾌한 주임이 내 놓는 아이디어는 바로바로 채택된다. 더군다나 유쾌한 주임의 생 각이라는 것이 사실은 전에 진지한 대리가 퇴짜맞은 아이디어를 다시 내는 것인데도 유쾌한 주임은 채택되는 것이다.

우쨰 세상에 이런 일이!

그 이유는 분석까지 해 볼 필요도 없이 바로 알 수 있다. 유쾌 한 주임은 설명할 때 손짓 발짓 다하여 실감나고 재미있게 설명하 는 것이다. 진지한 대리가 봐도 재미는 인정했다. 아하, 알았다. 생 각 끝에 진지한 대리는 아이디어를 노래로 만들어 부르고, 성대모 사를 하며 실감나고 재미있게 했다. 그러자 반응이 폭발적이었다. 진작 이렇게 할 걸, 진지한 대리는 회사생활이 재미있고 활력이 넘 치기 시작했다.

당신의 아이디어나 주장을 아무리 논리적으로 펼쳐도 받아들여 지지 않을 때는 노래나, 그림, 오감을 자극하는 사물로 그것을 표 현해 보라. 바로 반응이 오고 환호성을 받게 될 것이다. 사람들의 본능을 활용하면 부드럽게 이길 수 있다.

많이 알려진 내용이지만 예일대 심리학과 존 바그 교수의 '따뜻한 커피효과'를 알아보자. 이는 논리적으로 무장한 사람도 감성에는 똑같이 움직인다는 사실을 보여준다.[35]

연구진은 구직자를 면접하는 10명의 가상 면접관에게 면접 바로 전에 마실 것을 주었다. 10명 중 5명에게는 찬 콜라를 주고 나머지 5명에게는 따뜻한 커피를 주었다. 모든 조건은 같았다. 면접자의 질문도 같았고, 구직자의 대답도 같았다.

오직 다른 조건은 음료수의 온도였을 뿐인데, 그 결과는 주목할 만한 것이었다. 찬 콜라를 마신 면접관들은 대체로 '불합격'을 준 반면, 따뜻한 커피를 마신 면접관들은 거의 '합격'을 준 것이다. 곧 무의식적으로 마신 따뜻한 커피 한 잔이 사람을 부드럽게 만들어 상황을 긍정적으로 받아들이게 한 것이다.

사람 사는 곳에서는 감성이 논리를 이길 때도 있고 논리적으로 설명해야 통할 때도 있지만, 대체적으로 감성적인 접근은 설득이 쉽다.

---

35) Williams, L.E.; Bargh, J.A. *Science*, 2008, *322*, 606-607

원칙 2. 반박할 때에는 반드시 대안을 제시할 것

병자호란 당시 남한산성에서 벌어진 화친파와 항쟁파의 논의 내용을 정리하면 대충 다음과 같다.

화친파 : 청나라와 화친해야 합니다.
항쟁파 : 그럴 수 없소.
화친파 : 그러면 나가서 싸우든가.
항쟁파 : 나가서 싸우다 지면 어쩌려고? 나갈 수 없소.
화친파 : 식량이 떨어져 가는데 도대체 어쩌겠다는 거요?
항쟁파 : 아무튼 화친도 안 되고 싸움도 안 되오.

그야말로 이 항쟁파에는 대책이 없다. 그 기개는 높이 살 수 있을지언정 실제로는 사태 해결에 아무 도움이 안 된다. 회사에서 건설적인 평론이나 제안은 좋지만 반대를 위한 반대를 하면 기피 인물이 된다.

대안이 있을 때에만 반대 의견을 내야 한다. 그렇지 않으면 당신은 다만 반대를 위한 반대를 하는 상당히 무책임한 사람이 되고 만다.

당신이 대안을 제시할 수 없을 경우에는 상대방의 의견을 수용하여 열심히 일하는 것이 도리다. 그래서 일이 잘 되면 서로 좋은 것이고, 혹시 일이 안 되더라도 당신이 문책 받을 일은 없기 때문이다.

6장. 임기응변이 강하면 끝까지 살아남는다

임기응변은 사태가 계획대로 진행되지 않을 때 혹은 예상치 못한 상황이 벌어졌을 때 취하는 행동이다.

전쟁사는 평소에 다양한 아이디어를 실험해보는 사람이 큰 변화도 실행할 수 있음을 증명한다.

제2차 세계대전에서 획기적인 전차 전략을 선보였던 롬멜은 전쟁이 벌어지기 전까지만 해도 보병 지휘관이었다. 그는 처음에는 전차전의 교리를 따랐지만 특유의 임기응변을 바탕으로 점차 독창적인 전차전을 기획했다. 그 발자취를 잠시 따라가보겠다.

1) 전술 교리 바꾸기

독일 전차병들은 적을 발견하면 일단 멈춘 후 포신을 돌려 발포하도록 교육받았다. 이는 독일 전술 교리에서 전차가 기병을 대체했기 때문이다. 말을 달리면서 소총 사격을 하면 명중률도 낮고 이동 속도도 떨어지기 때문에, 독일 기병은 전통적으로 달리거나 쏘거나 둘 중 한 가지 동작만 취해 왔다.

그러나 롬멜은 그 관행을 중단시키고 대신 달리면서 쏘도록 훈련시켰다. 곧 그의 부대는 달리면서도 적을 명중시킬 수 있게 되어 전진 속도가 대폭 향상되었다.

업무 능력이 뛰어난 직원들은 롬멜의 전차병들이 '전진'과 '발포'라는 두 개의 동작을 한 번에 수행했듯이 멀티태스킹을 시도할 수 있다. 업무에서 통합할 수 있는 부분은 통합해보자.

다른 무기를 활용하라

한 가지 툴이 오직 한 가지 기능만 수행한다고 믿지 마라. 대부분의 고객들에게 잘 통하는 영업 방식이라도 모든 고객들에게 통하지는 않는다.

프랑스를 휘젓던 롬멜은 프랑스군을 지원하기 위해 나타난 영국 전차들과 마주쳤다. 이 전차들은 독일 전차보다 크고 더 튼튼했을 뿐 아니라 화력도 훨씬 강력했다.

독일 전차들이 아무리 포를 쏘아도 영국 전차에 충격을 주지 못한 반면, 영국 전차들은 포를 쏘는 족족 독일 전차들을 파괴했다.

롬멜은 부대에 있는 포란 포는 다 동원해서 영국군 전차를 공격하게 했다.

이때 원래 비행기를 공격하는 무기인 고속대공포의 포탄이 영국 전차를 격파할 수 있음을 발견하자, 그는 즉시 대공포를 대전차포로 용도 변경하여 영국 전차들을 모조리 때려잡았다.

2) 약자라면 위장술을 활용하라

남을 기만하기 위해 위장술을 사용하는 것은 비신사적이라고 비난받겠지만, 약자가 자신을 보호하거나 방어하기 위해서는 위장술만큼 효과적인 것도 없다.

동물들 중에도 약한 동물들은 위장술을 곧잘 쓴다. 똥모양으로 바꾸는 애벌레나 죽은 척 하는 너구리 등 그 예는 매우 많다. 심지어 강자라고 생각하는 사자도 사냥할 때 갈대 숲에 몸을 숨겼다가 기습공격을 한다.

사자처럼 약자가 아닌 회사도 위장술을 쓴다. 회사에서 하는 암행 순찰이나 미스터리 샤퍼[36]등은 모두 근무태도, 업무평가를 위한 적극적인 위장술의 예들이다.

회사는 이렇듯 공개적, 비공개적으로 직원을 관찰, 평가하고 있다. 결국 직원이 회사에서 하는 일은 거의 회사에서 파악하고 있는 것이다. 심지어 동료들의 눈은 모두 회사의 살아있는 감시 카메라라고 해도 과언이 아니다. 그러니 약자인 당신은 위장술을 적극 활용해도 무방하다.

사내에서 위장을 행해야 할 경우가 있다. 힘이 있어도 기회를 보며 약한 척 해야 하는 경우도 있고, 화를 내는 것이 효과적일 때는 일부러 큰 소리를 내야 좋을 때도 있고, 또한 사내 연애를 숨겨야 할 때도 있다.

---

36) 자신의 신분을 감추고 일반 고객인 것처럼 매장을 방문해서 매장 직원들의 서비스를 평가하는 사람들. 이들은 물건을 구입하기 위해 온 손님인 것처럼 행동하면서도 온갖 까다로운 질문을 던진다.

삼국지의 주인공 유비는 위장술의 달인이었다. 그는 목숨을 구하기 위해 겁쟁이로 행세하기도 했고, 상대방이 무리한 요구를 해오면 갑자기 울면서 애걸하기도 했다. 그런가하면 어떨 때는 느닷없이 화를 내며 상대방을 윽박지르기도 했고, 필요하면 상대방을 죽이거나 고문하기도 서슴지 않았다. 그러나 그 어느 경우에도 그는 백성들 눈에는 선량하고 인자한 군주로 비쳤다. 모두 그의 탁월한 위장술 덕분이었다.

3) 일을 잘하게 만들려면 일부러 야단쳐라.

여기 참으로 너무 좋은 상사가 있다. 항상 정감 있는 말투와 따스한 눈빛으로 부하를 부드럽게 이끄는 '섬김형(Servant) 리더십'을 실천하고 있다. 부하들이 실수해도 좋은 게 좋다고 그냥 넘어가는 등 인간미가 철철 넘쳐흐른다. 그런데 이러한 현상이 업무까지 연장되니 업무처리가 엉망이다. 결국 그는 업무능력을 인정받지 못하고 마침내 좌천되었다가 퇴사하게 되었다.

업무에서는 사사로운 감정을 버리고, 비록 화가 나지 않더라도 부하들이 잘못한 부분에 대해서는 바로 바로 따끔하게 야단치는 것이 효과적이다.

이를 증명하는 쥐 실험 연구결과가 미국 버펄로 대학 생물물리학과의 젠 얀 교수 팀에 의해 발표되었다.[37]

연구팀은 '급성 스트레스가 기억력에 미치는 영향'에 관한 실험

---

37) Yuen, E.Y.; Liu, W.; Karatsoreos, I.N.; Feng, J.; McEwn, B.S.; Yan, Z. *PNAS*, 2009, *106(33)*, 14075-14079

을 위해, 쥐들에게 미로에서 길 찾기 훈련을 시켰다. 쥐들이 어느 정도 길 찾기에 익숙해지자, 연구진은 쥐를 두 그룹으로 나눠 그 중 한 그룹에는 아무 이유 없이 20분 동안 헤엄을 치는 벌을 주었다. 벌 받은 쥐들을 다시 미로에 넣었더니 놀라운 일이 벌어졌다. 벌을 받은 쥐들은 벌을 받지 않은 쥐들보다 실수를 덜 하며 길을 잘 찾은 것이다.

연구진은 스트레스 호르몬이 뇌의 전두엽을 자극하기 때문이라는 가설을 세우고 다른 실험으로 이를 입증했다.

벌을 받은 쥐를 다시 두 그룹으로 나눠 한 쪽에는 전두엽을 자극하는 글루타민산염 수용체를 차단하는 약물을 주사하고, 나머지에는 소금물을 주사했다. 그리고 다시 미로에 넣자 소금물 주사를 맞은 쥐들의 성적이 더 좋았다.

이는 짧은 스트레스를 주면 긴장하게 되니, 정신을 번쩍 차려 열심히 일하여 능률이 오르는 것이다.

그러나 지속적으로 스트레스를 주면 오히려 역효과가 나니 견딜 수 있을 만큼, 꼭 필요할 때 자극을 짧게 주는 것이 중요하다.

반면 암컷 쥐는 여성 호르몬인 에스트로겐의 작용으로 만성적인 스트레스 상황에서 보다 잘 견뎠다. 이는 여성들이 남성보다 강하고 우수한 측면이다. 그렇더라도 여성에게 더 야단치지는 말자.

또 당신이 하급 직원으로서, 상급자가 일부러 야단친다는 것을 알고 있어도 짐짓 모른척 충고를 받아들이면 업무 효율은 오를 것이다.

4) 사이코패스를 조심하라

타인의 고통을 느끼지 못하는 반사회적 인격 장애를 뜻하는 사이코 패스는 전 인구의 1% 정도를 차지한다. 어느 회사의 직원이 1,000명이라면 10명은 사이코패스라는 얘기다. 적지 않은 숫자다.

살인, 강간 등은 뉴스에 연일 보도하면서 이보다 더 무서운 산업스파이, 뇌물수수, 분식회계, 외자유출 등 화이트칼라 범죄는 거의 보도가 되지 않기에 그 체감도와 중요도가 낮게 인식된다.

과정보다는 결과를 중시하는 사회, 이기기 위해서는 독종이 되어야 하는 '독종지향' 사회가 사이코패스를 양산한다.

회사에서는 전혀 의외의 인물이 사이코 패스일 수 있다.

사이코패스가 능력 있는 사원으로 둔갑되는 이유는 실적위주의 인사정책과 보안사항이 많아지는 기업의 환경 때문이다. 수단과 방법을 가리지 않고 승리하는 것이 '장땡'이니, 양심의 가책을 모르는 사이코 패스가 승승장구하는 것이다.

사이코 패스는 대체로 다음과 같은 특징을 가지고 있다.

· 당당하게 행동하는 듯하면서도 교묘한 술수에 능하다.
· 범죄프로를 좋아하고 범인을 찬양, 동경한다.
· 적극적이고 추진력이 있지만 책임감은 약하다.
· 카리스마가 있지만 무자비할 때가 있다.

한마디로 사이코패스는 일에서는 승리하지만 비인간적이고 잔인한 면이 있다. 그의 내부에 잠재된 것이 범죄로 표출하면, 그가 속한 조직을 파멸로 몰고 갈 수도 있다.

회사의 임원 등 관리자들은 가까이에서 사이코패스를 접하지 않기에 결과만 보고 능력있는 사람으로 오인할 수도 있으니 다른 직원들의 평을 들어보는 것이 좋다.

내(윤경환)가 아는 어느 직원도 그러했다. 그는 분명 뛰어난 능력을 가졌고, 수단과 방법을 가리지 않고 매출을 올렸다. 하지만 그는 아무렇지 않게 거짓말을 남발했을 뿐 아니라, 사내 여직원을 스토킹하는 등 사이코 패스적 성향도 유감없이 발휘했다. 회사는 이 팀장의 능력이 아까워 스토킹 당한 여직원에게 오히려 입을 다물게 했지만(이 행태에 질려 나는 벤처기업을 떠나기로 마음먹었다), 결국 직원들의 압박에 밀려 그를 해고했다.

사이코 패스에게 당하지 않으려면 달콤하게 제안하며 접근하는 사람들을 조심하라. 구미가 당기는 제안이라도 그들은 사기성이나 편법에 능하기에 나중에는 파멸이 올 수 있다. 사이코 패스는 당신이 능력이 있을 때는 접근해서 최대한 이용한다. 그리고 이용가치가 없을 때는 소통을 막아 고립시킨다. 거짓말도 천연덕스럽게 잘 하므로 잘못 걸려들면 큰 고통을 당할 수 있다.

우리 역사에도 사이코패스는 많다.

병자호란에서 패한 조선의 인조는 존속살인자다. 친아들 소현세자가 왕위를 노린다고 의심하여 그를 독살했고(비록 증거는 없지만) 이어 며느리도 죽였다. 또한 세자의 세 아들은 제주도로 귀양 보내졌고, 그 중 둘은 의문의 죽음을 당했다. 더구나 세자와 며느리를 시중들던 나인들을 장살(때려죽임)했다.

둘러말하지 말고 당당히 말하라

의사 표현을 제대로 하지 않으면 아무도 당신의 의도를 이해하지 못한다. 특히 자신의 체면을 살리기 위해, 혹은 상사의 권위에 눌려 애매하게 돌려 말하는 방식은 상당한 위험을 내포한다. 다음 예에서 보듯이.

기원전 431년부터 그리스의 패권을 두고 아테네와 스파르타가 전쟁을 시작했다. 기원전 415년, 시칠리아의 아테네 동맹국들이 스파르타 동맹국에 대항하기 위해 아테네에 도움을 요청했다. 아테네의 두 거물 정치가 중 한 명인 알키비아데스가 지원군을 보내야 한다고 주장하자, 그의 정적인 니키아스는 당연히 그에 반대했다. 하지만 지원군을 보내지 말자고 하면 겁쟁이로 낙인찍힐까봐 이렇게 둘러말했다.

"당신은 함선 60척으로 공격하자고 하지만, 제가 보기에 이 원정에는 최소한 함선 100척과 보병 1만 명이 필요합니다(그러면 겁이 나서 원정 논의를 그만 두겠지)."

그런데 아테네 민회는 정말로 그 규모의 원정군을 조직하여 보냈다. 졸지에 원정군 사령관이 된 니키아스는 군사 작전이 여의치 않자 민회에 '돌아가겠다'는 편지를 쓰려고 했다. 그러나 이번에도 체면을 위해 우회적으로 말했다.

"우리는 식량도 떨어졌고 병력도 부족하다. 적군이 우리를 압박하고 있다(그러니 제발 후퇴하라고 명령해주시오)."

이번에도 정반대 상황이 벌어졌다. 아테네에서 구원군을 보내온 것이다. 그러나 구원군은 아무 준비도 없이 공격에 나섰다가 오히려 전멸 당하였다. 결국 아테네는 스파르타에 완패했다.

7장. 직관적 전환 : 본능을 믿어라

1) 직관적 전환에는 빠른 결단이 필요하다

직관적 전환이란 무엇인가?

당신이 업무를 진행하는 중에 불현듯 깨닫게 되는 '아, 이렇게 하면 더 좋겠는데'가 바로 직관적 전환이다.

직관적 사고는 현장에서 더 잘 찾을 수 있다는 특징이 있다. 이 사실은 위대한 경영학자 피터 드러커는 물론 훌륭한 경영자들도 한결같이 지적했다.

"모든 답은 현장에 있다."

직관적 전환이 떠오르면 바로 실행해야 한다. 깨달음을 얻었는데 미적미적하다가는 영영 기회를 놓치고 만다.

한국전쟁 초반 낙동강 방어선까지 밀린 국군과 유엔군은 북한군의 주공격 방향이 어디인지 알기 위해 혈안이 되어 있었다. 부족한 방어력을 넓게 펼쳤기 때문에 어느 한 군데라도 뚫리면 한국은 지도에서 사라지는 순간이었다.

그때 미군의 워커 중장(훗날 워커힐 호텔에 그 이름이 붙었다)은 북한군이 거창과 진주에 나타났다는 정보를 입수했다. 그는 즉시 북한의 공격

목표가 마산임을 간파하고, 상주에 있던 유일한 예비사단을 마산으로 보내 36시간 만에 철벽 방어선을 만들었다. 만일 그가 조금이라도 더 지체했다면 마산은 함락되었을 것이고 부산의 임시정부도 항복했었을 것이다.

2) 직관적 전환에는 충분한 연습이 필요하다

불확실성의 시대에 더욱 필요한 직관은 엄격한 이성이나 순차적인 논리에서 나오지 않는다. 그보다는 엉뚱한 착상이나 논리적 비약에서 시작된다. 평소에 쌓아온 직간접적인 경험과 주변에서 들은 이야기, 동물적인 느낌들이 모두 직관의 밑거름이다.

직관을 기르는 최선의 방법은 평소에 연습을 많이 해보는 것이다. 즉 부서에서 진행하는 많은 일의 계획 및 준비 과정에 참여하여, 눈으로 보고 몸으로 체득하는 것이다.

야구 선수는 높이 뜬 공을 잡을 때 각도를 계산해서 잡지 않는다. 그들은 수많은 연습을 통해 거의 무조건 반사처럼 그 행동을 취한다. 직관도 마찬가지다. 충분한 연습 없이 갑자기 번득이는 직관이 발휘되는 법은 없다.

때로는 직관이 논리보다 더 강하다.

직관은 주어진 정보가 많을 때보다는 적을 때 오히려 더 효과를 발휘한다. 가령 선택해야 할 디자인 시안이 7개 있을 때보다는 3개 있을 때의 직관적 선택의 결과가 더 만족도가 높다는 설이 있다. 즉 이 상황에서 더 많은 시안을 보고 싶은 마음은 아직 디자인을 선택하지 못해서가 아니라, 그저 더 많이 보고 싶은 인간의 욕심일 뿐이라는 것이다.

그리고 처음 느낌대로 선택할 경우의 성공 확률이 더 높다고 한다. 학창 시절 아리송한 객관식 문제가 있을 때 처음 찍은 답이 정답이고, 나중에 고민 고민하며 바꾼 답이 오답이었던 경험이 다들 있을 것이다. 즉 너무 고민할 필요 없이 첫 느낌에 맡기라는 이야기다.[38] 사람도 첫인상이 중요한 것처럼.

헤지 펀드의 대명사 조지 소로스는 오로지 자신의 직관만으로 큰 돈을 벌었다. 그는 주식 시장이 잘못 되어가고 있을 때 허리에 통증이 온다고 말했다. 그는 이 통증을 자신의 주식에 뭔가 문제가 있다는 신호로 받아들였고, 그때마다 거액을 배팅하여 매번 승리했다고 한다.

개인의 허리와 주식 시장 사이에는 아무런 논리적 연관성도 없다. 하지만 소로스가 주식 투자에서 성공했다는 것은 틀림없는 사실이고, 그가 밝힌 리스크 관리의 비결이 자신의 허리 통증이었다는 것도 변함없는 사실이다.

이것은 지진을 미리 알아차리는 쥐의 초능력과도 같은 것이다.

---

38) 클라우제비츠는 그런 느낌을 '꾸 되이'(coup d'oeil) 라고 불렀다. 윌리엄 더건의 주장에 따르면, 나폴레옹이나 패튼은 정해진 작전 체계대로 싸워 승리한 것이 아니라 순간순간의 꾸 되이를 믿고 싸워 승리했다고 한다.

8장. 포기의 전략은 고도의 전략이다

가야할 때가 언제인가를 분명히 알고 가는 이의 뒷모습은 얼마나
아름다운가.

- 이형기의 '낙화' 중에서

1) 부정적 마인드를 가져라

손자병법 36계 중에는 '줄행랑이 상책'이라는 말이 있다는
것은 다 알것이다. 이 구절을 잘못 해석하면 '안 되면 도망치라'는
뜻 같지만, 가능하면 싸움은 피하는 것이 더 좋다는 의미이다.

전략상의 이유로 포기하거나 후퇴하는 것은 결코 부끄러운 방
법이 아니다. 나중에 역전하면 되는 일이기 때문이다.

회사에는 작은 일에서부터 큰 사업까지 포기를 결정해야 하는
순간이 많다. 하루에도 무수한 포기가 일어난다. 선택되지 않은
것은 결국 넓은 의미에서 포기이기 때문이다.

포기할지 여부에 대해 주관적인 시각으로는 절대로 승산이 있
는지 없는지 알지 못한다. <u>가능한 모든 루트를 통해 객관적인 데이
터를 얻어야만 승산 여부를 제대로 판단할 수 있다.</u>

수나라 30만 대군이 몰려왔을 때, 을지문덕 장군은 전면전에서는 도저히 승산이 없음을 알았다. 그래서 그는 7번 싸워 7번 거짓으로 패하며 물러나 수나라 군대를 분산시켰다. 그리고는 살수대첩에서 일거에 적의 본진을 격파하여 섬멸시키니, 수나라 군대는 자연히 와해되어 철수하고 말았다.

부정적 마인드를 가져라.

이게 뭔 소리인가. 이 말은 패배주의를 의미하는 것은 아니다. 모두들 긍정적 마인드를 가지라고 한다. 하지만 놓치고 있는 것이 없는지 살펴 보라는 이야기다.

인간의 뇌는 원래 무엇이든 의심하는 등 부정적 사고를 할 수 있게 만들어졌다. 위험을 감지하고 대비하기 위해 진화되었기 때문이다.

사고와 불량품를 예방하는 '안전관리'와 '품질관리' 역시 바로 이러한 부정적 사고에서 생겨난 공정이다.

아파트 브랜드 중 래미안은 부정연상 체크가 미흡한 경우이다. 래미안은 '내가 미안한 아파트' 또는 '래미콘'이 도는 아파트 등으로 연상될 수 있기에 부정적 마인드가 부족한 결과물이다.

이러한 사례는 많다. 소나타는 '소나 타는 차'로 한때 공격을 당했고, 아파트 자이(XI)는 예전에 CF에 나온 이영애의 멘트 "자위가 나를 특별하게 만들었어요.", "자위를 사랑합니다"로 들려 예쁜 이영애가 자위하는 모습을 상상하게 만들었다.

어떤 조직심리학자들은 긍정적 마인드는 오로지 단기 이익만 가져다줄 뿐이라고 경고한다. 물론 긍정의 힘도 있지만 긍정적 마인드만으로는 아무런 자극(스트레스)을 받을 수 없기 때문에, 장기적으로는 사기가 저하되고 근로 의욕도 떨어진다는 것이다.

이와 같은 이유로 우리는 스스로에게 신선한 자극을 주어야 하는데, 그 신선한 자극이 바로 '부정적 마인드' 다.

2) 포기로 더 큰 것을 얻는 방법

① 버리는 연습을 하라.

우리는 무엇을 얻으려고만 하지 무엇을 버릴 것인가 생각하지 않는다. 삶에서, 또 직장생활에서 버려야 할 것은 무엇인가? 이것들을 정확히 파악하는 것만으로도 절반은 성공한다.

'가장 좋은 디자인은 더 이상 버릴 것이 없는 디자인' 이라고 말한다. 군더더기가 없는 책은 독자에게 더 잘 선택된다. 진정 좋은 보고서는 장황하게 수십 페이지를 쓴 것이 아니다. 포스코 등 몇몇 기업에서도 1장 짜리 보고서를 제출하도록 하고 있다.

버리고 버리고 남은 것만 가지고 가라. 그래야 남은 것에만 힘을 집중하여 좋은 결과를 만들어 낼 수 있다.

다음 중 직장생활에서 버릴 것을 골라라.

승진, 연봉, 인맥, 명예, 여가, 행복, 야근, 가정, 사랑, 건강.

버릴 것이 하나도 없는가? 욕심이 너무 많으면 아무것도 얻지 못한다. 욕심많은 사람이 나중에는 모든 것을 잃는다는 것은 우화에도 많이 나오기에 새삼스레 예를 들고 싶지는 않다.

직장에서도 시간이 흐르면 자연히 하나씩 잃게 되는데 두 손 들고 항복하게 되기 전에 미리 스스로 버려야 하는 것이다.

어떤 이는 연봉을 포기한 대신 여가를 얻는다. 어떤 이는 승진을 포기한 대신 가정을 얻는다.

모든 것을 얻을 수는 없다. 하나를 얻으면 하나를 잃는다. 나에게 가장 중요한 것을 취하고 덜 중요한 것을 버리면, 중요한 것은 아주 크게 다가온다.

② 잠정적 포기로 때를 기다려라

포기를 할 때는 완전히 포기해야 할 때가 있고, 또 잠정적 포기를 해야 할 때가 있다.

잠정적 포기란 아이디어가 떠오를 때까지 혹은 좋은 기회가 올 때까지, 또는 여건이 좋아질 때까지 기다리는 것이다. 자연은 전략적 포기를 생존의 도구로 택했다. 추운 겨울에 나무들이 잎을 모두 떨어뜨린다고 해서 이를 패배라고 말하지는 않는다. 이는 식물이 환경에 대처하기 위해 선택한 전략적 후퇴이다.

'이 놈의 회사!' 하며 사표를 내고 싶다면 이를 보류하고 가을나무처럼 휴가를 내어 잠시 쉬어보라. 그리하여 잠시 제3자의 입장에 서보면 새로운 길을 찾을 수 있다.

스웨덴의 속국이던 핀란드는 1835년 러시아의 속국이 되었다. 핀란드 인들은 독립을 꿈꾸었지만 서두르지 않았다. 그들은 빈약한 인구와 열세한 군사력으로 독립전쟁에 나서는 것은 오히려 국가를 멸망시킬 빌미가 될 뿐임을 알았다. 실제로 같은 러시아의 속국 폴란드는 섣부른 독립전쟁에 나섰다가 국가 자체가 사라지고 말았다.

오랫동안 기다리던 핀란드 인들은 마침내 러시아 혁명이 일어나 제정러시아가 멸망한 1918년, 격렬한 독립전쟁을 일으켜 독립에 성공했다.

③ 포기로 노하우를 축적하라

훌륭한 지휘관들은 항상 예비대를 준비한다. 그들은 적과 전투가 시작되면 여러 군데를 찔러보다가, 그 중 돌파구가 확보되는 쪽에 예비대를 집중하여 전과를 확대한다.

이 원리는 회사에서도 비슷하게 적용된다. 회사는 오직 하나의 신규 사업에 목을 매지는 않는다. 여러 사업을 찔러보다가 성과가 보이는 곳이 있으면 다른 곳은 포기하고서라도 그곳에 힘을 집중한다.

일류회사는 포기한 데서 쌓은 노하우들을 잘 저장해두었다가 새 사업에도 적용해보고 훗날에도 대비한다.

당신의 업무도 마찬가지다.

당신은 어떠한 이유로 손을 놓게 된 업무에서 그때까지 쌓아온 노하우들을 그냥 버려서는 안 된다. 그 노하우들을 미래의 발판으로 쓸 것인지 아니면 그냥 지나간 추억으로 쓸 것인지는 전적으로 당신에게 달린 문제다.

흉내바둑 (Me too 전략)

흉내바둑은 중심점을 기준으로 상대방이 두는 그대로 따라두는 방법이다. 일본 최초로 바둑 9단에 오른 후지사와 쿠라노스케가 흉내바둑으로 한 시대를 풍미했고, 1980년 서봉수 9단이 조훈현 9단을 명인전에서 꺾을 때도 흉내바둑을 두었다.

대부분 사람들은 오래된 방식에서 벗어나지 않는다. 오래된 방법들은 이미 한 번 검증되었기 때문에 GE의 전 회장 잭 웰치의 말대로 '지옥처럼 실행' 하면 효과가 있는 것도 사실이다. 하지만 그래보았자 1등이 갑자기 사망하지 않는 한 당신은 1등이 될 수 없다. 흉내바둑에서도 상대방을 마냥 추종해서는 항상 한 집 차이로 지게 된다.

근대 이후의 일본군은 그런 경향이 지배적이었다. 그들은 이미 존재하는 병기에서는 아주 좋은 무기들을 개발했지만 새로운 개념의 무기에 대해서는 영 둔감했다. 그 경향은 지금까지 이어져서 고미야마 히로시 미쓰비시 총연구소 이사장 역시 일본 경제의 불황은 '따라잡기 정신 이후의 비전을 보지 못했기 때문' 이라고 고백했다(조선일보, 2009년 12월 11일).

흉내바둑의 요체는 상대방을 더 이상 창의성을 발휘할 수 없는 궁지로 몰아붙이고, 그 과정에서 상대방 진영의 약점을 파악하는 것이다. 상대방의 총기가 흐려진 순간을 놓치지 않고 대대적인 반격에 나서는 것이 승리의 비결이다.

고대 그리스의 도시국가 테베는 막강한 스파르타로부터 모든 전술을 배웠다. 그러다 어느 순간 그 전술에 약점이 있음을 간파하고 과감하게 도전, 스파르타를 무찌르고 그리스의 패자가 되었다.

직장 상사보다 더 중요한 것은 회사이다

1장. 상사는 두 번째고 회사가 첫째다

많은 사람들이 자신의 직속 상사에게 충성하는 것이 회사에 충성하는 것이라는 착각을 한다. 상사에 충성하는 사람들 중에는 아부를 일삼는 소인배부터 상사가 이직하면 그를 따라서 이직하는 돌쇠형 충성파도 있다. 그러나 회사에서는 첫째가 회사고 그 다음이 상사다. 상사는 분명 당신이 따라야 할 대상이지만, 어디까지나 회사 전체의 이익을 추구하는 선에서 그를 따라야 한다.

상사를 무조건적으로 따라서는 안 되는 이유에는 조금 더 현실적인 것도 있다. 상사 중에는 당신을 이용만 하고 버리려는 질 나쁜 사람도 있기 때문이다.

내(윤경환)가 벤처회사에서 만난 두 번째 상사는 교묘한 술책에 능한 사람이었다. 그는 회사에 큰 이익을 안겨주었지만 또 그만큼 큰 갈등을 빚었다. 어느 날 그는 나에게 당시 내가 받던 연봉보다 1천만 원 높은 연봉을 제시하면서 같이 나가자고 했다. 그리고 전문연구요원 문제도 편법을 써서 해결해주겠다고 말했다. 나는 거기 넘어가지 않았기를 정말 잘했다고 생각한다. 그 상사는 자신의 회사를 차리기는커녕 회사에서 해고되었으니 말이다. 설령 그렇지 않더라도 그 후 몰아닥친 병역특례 비리 조사에 연루되어 쇠고랑을 찼을 가능성도 높다.

2장. 좋은 상사란 나에게 맞는 상사이다

잘 나가는 어떤 책에 써 있는 대로 상사와 맞서지 말고, 상사의 기를 살려주고, 상사를 잘 따라야 한다는 개론은 알겠는데 현실에서는 도저히 마음이 따라주지 않는 경우가 허다하다.

또 같은 상사이지만 나와는 잘 맞지 않는데, 다른 사람은 잘 맞는다는 사람도 있다. 그렇다고 나한테 문제가 있는 것도 아니다. 그 반대의 경우도 종종 있기 때문이다.

이 문제를 해결하기 위한 각론으로, 상사의 유형을 앞에서 설명한 사상 체질에 따라 4가지로 분류해 보고 각 부하들의 유형들을 조합하여 비교해 보자.

이것은 서로 상대성을 인정하며 상대에 따라 나도 바뀔 수 있음을 알고 지혜롭게 처신하는데 도움이 된다.

제갈량

• **꼼꼼형(소음인)** : 이 유형의 상사에게는 꿰뚫어 보는 능력이 있으므로 이들에게 허풍이나 잘난 체 하는 것은 금물이다. 신중한 타입이므로 너무 급하게 서두르지 마라. (제갈량, 토스트예프스키, 김소월, 이중섭, 박수근, 스티브 호킹)

유비

· **끈기형(태음인)** : 이 타입의 상사에게는 가볍게 촐랑거리지 말라. 철새처럼 이리 저리 바꾸지 말고 의리와 성실함을 보여주어라.

(유비, 한신, 유방, 관우, 김종필, 형사 콜롬보, 김대중)

장비

· **명랑형(소양인)** : 이성적으로 따지고 들지 말고 감정에 잘 이끌리므로 정으로 호소하라. 감정발산을 잘하고 뒤끝이 없으므로 화가 났을 때는 일단 피하라

(장비, 초패왕 항우 장사, 여포, 이태백, 김영삼, 윤봉길 의사)

조조

· **화통형(태양인)** : 인간관계를 중요하게 생각한다. 이 상사에게는 변명을 하지 말고 솔직하게 잘못을 시인하고 허심탄회하게 말하라.

(조조, 장희빈, 칼빈 루터, 나폴레옹, 스티브 맥퀸, 세조, 박정희, 히틀러)

당신의 체질과 상사의 체질의 조합은 16가지로 나타나는데 이 조합을 참고하면 도움이 될 것이다.

소음인 상사의 조합

· 소음인 상사 - 태양인 부하 :

거침없는 태양인 부하가 볼 때 소음인 상사는 째째해 보이고 지독하게 사려 깊어 겁쟁이처럼 보일 수 있다. 큰 모험을 하지 않아 안정적이지만 추진력이 필요할 때 태양인 부하가 나서서 해결해 주면 자기에게 없는 면을 보고 너무 좋아할 것이다.

· 소음인 상사 - 태음인 부하 :

느리지만 자기가 원하는 것은 끈기있게 얻어내는 태음인 부하가 볼 때 소심한 소음인 상사가 못마땅하지만 기본적으로 비슷한 면이 많아 충돌은 많지 않다. 이 조합에서 부족한 부분은 추진력이므로 이에 대한 대안이 있어야 한다.

· 소음인 상사 - 소양인 부하 :

활발한 소양인 부하에게 꼼꼼하고 야무진 소음인 상사는 가슴이 터져버릴 정도로 답답하다. 자신의 활발한 성격을 강점으로 내세워 상사가 어려워하는 대인관계나 모임 등 대외적인 일을 처리해주면 사랑받는다.

· 소음인 상사 - 소음인 부하 :

서로 부드럽고 꼼꼼한 성격이 같으므로 큰 충돌 없이 알차게 일을 꾸려 나간다. 다만 한 번 다투면 마음속에 오래 남고 화해가 쉽지 않으므로 서로에게 상처를 주지 말아야 한다. 둘 다 추진력이 부족하므로 이에 대한 대책을 세워야 한다.

태음인 상사의 조합

· 태음인 상사 - 태양인 부하 :

저돌적인 태양인 부하가 느리고 변화없는 태음인 상사를 볼
때는 답답하고 한심할 수 있다. 하지만 태음인 상사가 느리고
답답하게 해도 업무처리가 잘 된다면 이런 부분도 인정하고
자신의 추진력을 가미해 보자.

· 태음인 상사 - 태음인 부하 :

느긋한 사람끼리 만나니 이처럼 여유로울 수 없다. 인내심이
나 끈기있는 팀으로서 어느 누구에게도 지지않으나 같은 기질
이므로 명랑한 분위기와 추진력을 보완하면 좋다. 그러나 예
리함이나 결단력이 부족한 팀이므로 좋지 못하다.

· 태음인 상사 - 소양인 부하 :

활발한 성격을 가진 소양인 부하와 포용력이 강한 태음인 상
사는 좋은 조합이다. 하지만, 소양인 부하가 볼 때 태음인 상
사는 너무 지루하고 따분하다. 그러나 역으로 너무 경거망동
하는 것을 상사가 제어하므로 고맙게 생각하며 이를 따르자.

· 태음인 상사 - 소음인 부하 :

조용하면서 자신의 일을 꼼꼼히 잘하는 소음인 부하와 너그
러운 태음인 상사는 거의 부딪힐 일이 없어 좋은 조합이다. 다
만 태음인 상사에게 적극성을 배울 수 없는데 이를 인정하면
서 또 다른 기질의 상사에게 적극성을 배우도록 하자.

소양인 상사의 조합

· **소양인 상사 - 태양인 부하 :**

소신이 강하고 냉철한 태양인 부하가 볼 때 정에 잘 이끌리는
소양인 상사가 너무 경망스러울 수 있다. 그러나 소양인 상사
의 자유롭고 풍부한 아이디어와 임기응변력은 배우고 감정에
휘둘리는 면을 보완해 주면 상사가 좋아한다.

· **소양인 상사 - 태음인 부하 :**

듬직하고 느긋한 태음인 부하가 볼 때 소양인 상사는 너무 급
하고 신경질적으로 보일 수 있다. 태음인 부하는 급한 것, 안
급한 것 구별하여 처리하고 꾸준함으로 변덕이 심한 소양인 상
사를 보완하면 잘 조화를 이룰 것이다.

· **소양인 상사 - 소양인 부하 :**

서로 활발한 성격이라 잘 통해 일이 원활하게 이루어질 수도
있으나 순간적인 감정으로 싸움을 하거나 일을 그르칠 수도
있으므로 주의해야 한다. 역사 속에서 소양인과 소양인이 만
나면 싸움이 일어났으니 좋지 않은 조합이다.

· **소양인 상사 - 소음인 부하 :**

소심하고 꼼꼼함 소음인 부하와 활발하고 사교적인 소양인 상
사는 아주 잘 맞는 조합이다. 소음인 부하는 소양인 상사가 부
족한 사려와 통찰력을 보완하고, 소양인 상사는 소음인 부하
의 소심함을 특유의 친밀감으로 보완해 주면 좋다.

태양인 상사의 조합

· **태양인 상사 - 태양인 부하 :**

비슷한 기질이기에 장단만 잘 맞추면 의기투합하여 강한 추진력으로 큰 성과를 이루어 낼 수도 있다. 하지만 안 되면 완전히 망한다. 또 강한 기질이 부딪히면 큰 싸움이 일어나기 쉽고 브레이크가 없어 무한질주할 수 있으니 주의해야 한다.

· **태양인 상사 - 태음인 부하 :**

느리고 유순한 태음인 부하는 강한 추진력을 가진 태양인 상사가 너무 서두르고 정신없다고 생각한다. 완급을 조절하고 변하지 않는 진득함으로 보조를 한다면 태양인 상사는 순간적인 실수를 하지 않아 고마워할 것이다.

· **태양인 상사 - 소양인 부하 :**

추진력이 강한 태양인 상사와 정이 많은 소양인 부하가 만나면 양의 기운이 넘쳐 많은 성과를 이룬다. 단점으로는 둘 다 신중하지 못하여 실패할 확률도 있다. 냉혹하고 잔인한 태양인 상사에게 소양인 부하는 기가 질릴 수 있다.

· **태양인 상사 - 소음인 부하 :**

서로의 장단점을 보완하면 환상의 조합이 될 수 있다. 소음인 부하는 태양인 상사가 너무 돌진할 때는 브레이크 거는 역할로 충돌을 막아준다면 상사는 고마워 할 것이다. 역사에서 성공한 태양인 옆에는 소음인 참모가 있었다.

나에게 맞는 상사란 이처럼 체질적으로 맞는 상사라는 것을 알고 서로의 장단점을 살린다면 좋다.

그러면 누구나 좋아하는 이상적인 상사는 어떤 상사인가?

각종 설문조사를 종합해 보면 훌륭한 상사는 따뜻한 인간미와 리더십을 갖추고 능력까지 출중한 사람이라는 결론을 얻게 된다. 그런데 현실에서 그런 사람이 몇 명이나 될까? 당신은 그보다는 다음 두 가지 케이스를 더 자주 볼 것이다.

〈케이스1〉 실력은 출중하지만 인간적으로 문제가 있는 상사
〈케이스2〉 따뜻한 인간미를 갖추었지만 실력은 부족한 상사

〈케이스 1〉에 속하는 상사들 중에는 인격모독적 언행을 하는 상사들이 가장 많고, 책임회피를 하는 상사, 권위주의적 상사들도 많이 있다.

〈케이스 1〉 상사를 만났을 때는 어떻게 행동해야 하는가?

우선 그 상사가 회사에서 차지하는 위상을 확인해보자. 그가 이상한 행태를 보임에도 불구하고 회사에서 매우 중요한 위상을 차지하고 있다면 이는 그럴 만한 이유가 있기 때문이다(필시 그 이유는 '빼어난 성과' 아니면 '든든한 줄'일 것이다).

만일 그 중요한 위치에 있는 상사가 일의 공을 부하들(당신)과 함께 나눈다면 적극적으로 그를 따르라. 하지만 반대로 상사가 공을 혼자만 차지한다면 그를 경계해야 한다. 필시 그는 부하들(당신)을 토사구팽할 가능성이 높다.

미국인들이 가장 사랑하는 군인은 제2차 세계대전 유럽 전선에서 미군 전차부대를 지휘한 패튼이다. 그가 보여준 전투 능력은 탁월했다. 그러나 미국인들이 그를 사랑하는 것은 능력과 업적 때문만은 아니다.

1944년 겨울, 수세에 밀려있던 독일군이 갑자기 아르덴 숲에서 뛰쳐나와 미군 제8군을 격파할 때 연합군 지휘관 그 누구도 반격에 나설 준비가 되어 있지 않았다. 그러나 오직 패튼만은 즉시 48시간 동안 눈도 붙이지 않고 휘하의 30만 대군을 아르덴 숲으로 이동시켜 제8군을 구원했다.

세상에 48시간 동안 계속해서 병사들을 가혹하게 몰아붙였다니? 이틀 연속 밤샘 야근하라고 부하들을 달달 볶은 상사를 미국인들은 왜 사랑하는 것일까?

게다가 패튼은 지독한 욕쟁이 영감이었고, 겁쟁이 병사들을 구타했다. 목표 공략에 실패한 장교들은 모조리 강등시키거나 해임해 버리는 등 그가 부하들에게 요구한 것들은 독한 상사의 절정을 보여주었다.

그럼에도 불구하고 병사들은 그를 좋아했다. 도대체 왜?

아르덴 공세에 반격할 때 패튼은 48시간 동안 연속 행군을 하면서 병사들과 같이 걸었고, 차로 이동할 때에도 그들과 같이 추위를 견딘다는 것을 보여주기 위해 지붕이 없는 지프를 탔다. 물론 먹는 것도 마찬가지였다. 그리고 그는 말했다.

"패배의 원인은 자신에게 돌리고, 성공의 영광은 다른 이에게 돌리는 장군은 반드시 성공을 거둔다."

당신의 상사가 이런 패튼 부류의 상사라면 그가 당신에게 욕을 하든, 당신을 가혹하게 몰아붙이든 그를 따를 필요가 있다. 그는 분명히 당신의 노고에 합당한 성과를 안겨줄 것이고 그 영광을 당신에게 돌려줄 것이다.

능력은 부족하지만 사람은 좋은 〈케이스 2〉의 상사는 직장 생활에는 편한 존재이지만, 다음 세 가지 문제점을 안겨준다.

첫째, 그 부서 전체가 좋은 성과를 내지 못하기 때문에 당신도 능력 부족자로 낙인찍힌다.

둘째, 그 상사는 필연적으로 당신을 게으르게 만든다.

셋째, 그러다 어느 날 부서 전체가 사라져버릴 수 있다.

그러니 천사 같은 상사를 만났다고 좋아만 할 일은 아니다. 우유부단한 사람은 승부근성이 부족하여 항상 중간 이하로 밀려있다. 연봉보다 여가나 여유를 택했다면 이런 상사도 좋지만, 연봉이나 승진을 택했다면 이런 상사는 맞지 않는다.

자신에게 맞는 좋은 상사는 절대적인 기준이 없고 사람마다 다르므로 상대적이고 거기에는 사람마다 가변의 법칙이 존재한다.

3장. 최악의 상사를 만나면 혁명하라

만일 당신이 앞 장에서 이야기한 〈케이스 1, 2〉의 상사에도 속하지 못하는 '인간성에 문제가 있고, 부하들의 공적까지 가로채는 상사'를 만나면 어떻게 대처할 것인가?

그런 상사를 만나면 혁명을 일으켜라.

자기 자신을 혁명하기도 하고 상사를 거부하고 갈아엎고 팀이나 주변을 혁명하라.

최악의 상사를 한 명도 아니고 시도 때도 없이 만난 불운한 사람 중에 오늘날 중국을 건설한 모택동이 있다. 따라서 그의 삶을 반추해보면 구체적으로 방법이 나온다.

모택동

중국 장사의 소학교 교사 모택동은 1921년 중국 공산당에 가입했다. 그는 6년간 공산당 지도부의 지휘를 받았지만 지도부의 방향에 대해서는 반대했다. 중국 공산당은 소련 공산당의 지도를 받아 노동자 중심의 혁명을 외쳤지만, 사실 중국에는 노동자보다 농민이 훨씬 더 많았다. 현실주의자인 모택동은 농민 중심 혁명을 주장하다가 오히려 당에서 쫓겨났다.

그러나 모택동은 신세 한탄에 빠지지 않고 논문을 쓰며 자신의 이론을 정리했다. 또 그는 농민운동강습소에서 농민들을 교육하며 농민들 사이로 파고 들어갔다.

1927년 국민당 총통 장개석이 공산당을 공격하자 4백 명의 패잔병을 이끌고 정악산에 들어간 모택동은 부하들의 정신 무장에 힘썼고 그 지역 농민들과 좋은 관계를 만들기 위해 애썼다.

1928년 모택동 무리는 공산당 제4홍군으로 승격되었고 1930년에는 10만 명을 헤아렸다.

그때까지도 여전히 공산당 지도부는 오직 노동자 중심의 봉기와 대규모 전면전만이 혁명의 열쇠라고 믿었다.

1930년 6월 당 지도부는 홍군에 일제 진격을 명령했다. 모택동은 이 명령이 내키지 않았지만 상부의 명령이라 어쩔 수 없이 따랐다. 결과는 참담한 패배였다. 공산당 지도부는 실각했지만 더 골치 아픈 이상주의자들인 소련 유학생파가 정권을 잡았다.

설상가상으로 1930년부터 장개석이 모택동의 홍군을 토벌하기 위해 군대를 보내왔다. 이때 모택동은 철저한 게릴라전으로 맞서 세 번 싸워 세 번 승리했다. 그러자 공적을 가로채려는 상사가 나타났다. 당권을 장악한 소련 유학생파가 모택동의 게릴라전을 도망주의자의 행위라고 비판하며 그를 직위 해제한 것이다.

소련 유학생파는 모택동이 키운 홍군을 전면전에 내보냈지만 참패를 면하지 못했다. 곧 소련 유학생파는 모택동에게 다시 병권을 넘겨 급한 상황을 모면하고자 했다.

1935년 다시 병권을 쥔 모택동은 이제 상사들이 뭐래든 신경 쓰지 않았다. 그는 오직 도망만이 살 길이라 판단하여 무리들을 이끌고 370일 동안 9,600km를 걸어서 도주하여 공산당군을 구출했다.

모택동은 국민당과 일본군 모두와 싸우며 힘겨운 전쟁을 계속했다. 그러다 마침내 1945년 일본이 항복했고 공산당은 총력을 기울여 국민당을 무찔렀다. 1949년 모택동은 중화인민공화국 수립을 선언했고 국민당은 대만으로 도주했다.

이상에서 보듯이 모택동은 혁명 과정에서 오직 자기 의견만 주장하는 상사와, 부하의 공적을 가로채는 상사를 모두 만났다. 이때 그가 어떻게 행동하였는지 정리해보자.

① 상부의 불합리한 명령이라도 일단은 수행했다(1930년의 일제 진격과 3차 토벌전 이후의 병권 찬탈).

불합리한 지시를 받으면 어쩔 수 없이 수행해야 하는 것이 현실이다. 하지만 수행하기 전에 한 번 혹은 두 번까지는 재고해달라는 의사표시를 해야 한다. 그렇지 않으면 다루기 쉬운 직원으로 간주되어 그 후로 더욱 불합리한 업무지시를 받기 때문이다.

계속해서 참을 수 없을 때, 그리고 회사에서도 그 상사의 존재가 도움이 안 될 때는 동료들과 합심하여 그를 몰아내도록 하자.

이때 여러 사람을 모아놓고 호소하는 것은 좋은 전술이 아니다. 그 중에는 당신에게 동조하지 않는 사람도 있고, 앞에서는 동조했다가 뒤에서는 변절하는 사람도 있기 때문이다. 우선 믿을 수 있는 동료 한 명을 확실한 동조자로 구한 후 그의 도움을 받아 입에서 입으로 전파하도록 한다.

제 아무리 상사라도 모든 부하들이 등을 돌리면 힘을 발휘할 수 없다. 모택동 역시 팽덕회 등 동료들의 지지를 받음으로써 소련 유학생파의 압력을 거부할 수 있었다.

② 일시 후퇴하여 자기 수양에 힘쓰고 인적 네트워크를 구축했다(논문 작성, 농민 강습소, 제4홍군의 창설).

자기 수양은 매우 중요하다.

일본 메이지 유신의 최대 공신인 사이고 다카모리도 유신 전에는 두 번이나 외딴 섬으로 귀양살이를 갔다. 이때 그는 수백 권의 책을 가져감으로써 자신의 정치 철학을 더 확고하게 만들 수 있었다. 상사와의 트러블을 자기 수양으로 승화시키도록 하자.

또한 아무리 상사가 당신의 공을 강탈하더라도 영원한 비밀은 없다. 그 일을 누가 해냈느냐는 결국은 알려지게 되어 있다.

모택동은 주은래, 팽덕회 등 비슷한 위치에 있는 동료들과 좋은 네트워크를 만들어 두었다. 그 동료들이 병사들에게 누가 옳고 그른지 알려줌으로써 모택동은 재기할 수 있었다.

4장. 상사를 내 편으로 만드는 방법

1) 상사를 설득할 때는 거리를 두고 말하라

고정관념을 깨는 재미있는 심리학 실험이 있다. 설득하려면 가까이 다가가서 설득하는 것이 효과적이라고 대부분 생각한다. 그러나 실험에 의하면 물리적으로 더 가까이 있는 사람보다는 더 멀리 있는 사람에게 설득하는 것이 더 효과적이라고 한다. 이유인 즉 '말하는 내용' 보다는 '그 사람에 대한 관심'이 설득에 있어 더 중요한 요소였기 때문이란다.

거리가 멀수록 왜 더 효과적일까?

첫째, 거리가 멀면 더 자세히 보려하고 더 자세히 들으려 하기 때문이다. 그래서 자기도 모르게 관심을 가지게 된다.

둘째, 거리가 멀면 심리적 압박감이 줄어들므로 오히려 자연스럽게 설득 당하기 때문이다. 마치 '멀리 있을수록 더욱 그리워진다' 는 싯구처럼.

상사가 설득 당한다는 느낌을 주지 않고, 자발적으로 상사가 주도권을 가지고 다가와 결정한다는 '착각'하게 만드는 것이다.

사람들에게는 각자 적절한 물리적 거리가 있다. 상사가 '가까이 와서 말하라'고 했을 때 당신에게 효과적인 물리적 거리보다 더 가까이 들어가면 역으로 상사의 주도권에 휩쓸린다. 그 거리가 어느 정도인지는 몇 번의 경험을 통해 파악할 수 있다. 적당한 거리를 파악할 때까지 몇 번의 설득 작업은 버리는 셈 쳐도 된다.

메이저리그의 위대한 투수 그렉 매덕스는 경기가 시작되면 우선 주심의 스트라이크 존을 확인하기 위해 가상의 스트라이크 박스 구석구석에 볼을 던졌다. 버리는 셈 치는 그 몇 개의 볼을 통해 확실한 스트라이크 존을 파악한 후 본격적으로 타자를 농락한 것이다.

2) 상사에 가까이 가면 죽는 경우가 더 많다

항간에는 CEO와 가까우면 살고 멀면 죽는다는 말이 있는데 이는 결과만을 보고 이야기하는 단세포적인 것이 아닌가 생각된다. 성공한 사람들의 대부분은 당연히 CEO와 가까웠다. 그러나 CEO와 가까웠음에도 불구하고 실패하여 떨어져 나간 사람들은 그들보다 훨씬 많다. 모택동을 도와 중국공산혁명을 완수한 팽덕회, 2인자 유소기, 외교부장 진의 등 무수히 많은 공산당의 인물들이 결국은 버려졌다.

괜히 '상사(CEO)와 가까우면 산다'는 말만 믿고 대책없이 가까이 다가갔다가 치명적인 실수를 저지르면 이는 돌이킬 수 없는 치명타가 되고 만다.

상사에게 가까이 가는 것은 모험이다. 잘되면 아주 잘되지만 안

되면 나락으로 떨어진다. 물론 이를 잘 활용함으로써 자기 자신을 변화시킬 수도 있다. 상사와 가까이 하게 되면 긴장하게 되고, 이 적당한 긴장은 활력소가 되기 때문이다.

CEO는 '가까이 하기엔 너무 먼 당신'인데 그러면 도대체 어느 선까지 가까워야 할까? 개인적인 심부름은 물론 집안일까지 처리해주어야 할까? 아니면 경조사 정도만 챙기는 것은 어떨까?

정답은 '상사가 허용하는 선까지'이다. 상사마다 허용하는 거리는 당연히 다르다. 부하 직원들이 자신의 사생활에 나타나는 것에 민감해하는 상사는 이렇게 다가오는 부하들을 좋아하지 않는다. 그 거리를 잘 파악하도록 하자.

한편 상사로부터 너무 떨어지는 것도 모험이다. 보이지 않으면 곧 잊어지기 때문이다. 상사는 '그런 부하가 있긴 한데... 뭘 잘 하더라?' 고 당신을 잊어버릴 것이 분명하다.

3) 오래 같이 있었다고 다 안다고 착각하지 말라

직장에서 10년 이상 모신 상사라면 눈빛만 보아도 서로 잘 통할 것 같다. 하지만 현실은 정 반대다.

결혼 기간이 길면 길수록 공감도가 높을 것이라는 것이 통념이지만 실험결과는 그렇지 않다. 오래된 부부들은 상대방에 대한 고정관념 때문에 시간에 따른 변화를 읽지 못하고 처음에 생각했던 것만 계속 생각하는 경향이 있다. 즉 상대방의 눈빛만 보아도 그 사람의 마음을 안다고 생각하지만, 사실 그것은 고정관념일 뿐이고 현재 상대방의 마음은 모른다는 것이다.

상사도 마찬가지다. 시간에 따라 변하는 상사의 마음 속 모든 것을 읽어낼 수는 없다. 또 직장에서 본 상사의 모습이 그 사람의 전체 모습인 것도 아니다.

상사가 집에서 어떤 생활, 어떤 말을 하는지 알지 못하고 직장에서의 모습은 공적인 모습이기 때문에 모습이 잘 드러나지 않는다. 뉴스에서 '성매매 명단'에 교수, 의사, 고위공무원, 대기업 임원 등이 종종 거론되는 것이 그 예이다.

사실 '알고 지낸 기간'만으로 친밀도를 정하는 우리의 사고방식에 맹점이 있다. 방금 만난 사람도 아주 친해질 수 있고, 10년 넘게 알고 지낸 사람에게도 내가 모르는 것이 있다고 보는 것이 좋다.

조조가 총애하던 장수 중에 우금이라는 인물이 있었다. 219년 촉나라 관우가 번성을 공격하자 조조는 우금을 총사령관으로 삼아 지원군을 보냈다. 그때 번성에는 방덕이라는 장수가 있었다. 그는 원래 촉나라로 귀순한 마초의 부하였기에 사람들은 방덕이 곧 배신할 것이라고 수군거렸다. 그러나 방덕은 누구보다도 치열하게 싸웠고 관우에게 붙잡혀서도 항복 대신 죽음을 선택했다. 반면 우금은 제대로 싸워 보지도 않고 허무하게 관우에게 항복했다.

조조는 눈물을 흘리며 방덕의 죽음을 애도한 후 말했다.

"내가 우금을 안 지 30년이나 되었는데, 위급한 상황에서는 방덕만 못할 줄 어찌 생각이나 했겠는가."

5장. 사내 정치를 즐겨라

사내 정치가 판치는 모습이 보기 싫다고 회사를 그만두는 어리석은 짓은 하지말기 바란다. 국내 회사중 수직적, 수평적 조직을 막론하고 대부분 사내 정치가 존재한다.

피할 수 없다면 즐기라는 상투적인 말은 하지 않겠다. 오히려 즐겨야 할 것이니 피하지 말라고 말하고 싶다.

우리가 정치를 피하는 이유는 정치에 대한 고정관념 때문이다. 우리나라 일부 정치인들의 좋지 못한 몇몇 행태와 이를 흥미위주, 특종으로 보도하는 언론 때문에 우리는 정치에 대해 나쁜 선입견을 가지고 있다. 일부 정치인들이 행하는 협잡, 술수, 폭력이 정치의 본질은 아니다.

<u>정치의 본질은 제도화된 전쟁으로서 선의의 경쟁을 하는 것이다. 그런 '건전한 경쟁'이 인류를 발전시켜 왔고 또 회사를 발전시켜 왔다.</u>

경쟁이 없는 사회에 발전은 없다. 유럽이 세계 역사에서 두각을 드러낸 것은 불과 16세기 이후의 일이다. 17세기 이후 동양의 중국, 조선, 일본이 모두 안정된 정권 아래서 평화를 누린 반면, 유럽 국가들은 거의 매년 정치, 군사적 투쟁을 벌였다.

그 결과 19세기에 이르러 유럽이 압도적인 경제력과 군사력을 바탕으로 동양을 식민지화했지만 동양에는 그들에 대항할 돈도 힘도 없었던 것이다.

경쟁의 원천인 사내 정치는 필요악이 아니라 필요선이다.

사내 정치는 보이지 않는 질서를 만들어 주고 서로 간의 끊임없는 경쟁을 유발하여 회사를 전체적으로 성장하게 만들어준다. 단, 그 방식이 제도화되지 않아서 사내 정치가 밀실 정치, 계보 정치, 동문회 정치로 이어지고 있는 것이다. 효율적인 국가 경영을 위해 정치가 제도화되었듯 회사에서도 정치가 제도화되는 편이 좋다.

사내정치가 없는 회사가 반드시 좋은 회사인 것은 아니다. 그런 회사에서는 직원들이 회사의 경영 방향에 대해 관심이 없기 때문에 1인 독재가 이루어지기 쉽다. 1인 독재는 CEO가 엉뚱한 마음을 품는 순간부터 그 조직 전체가 파멸한다.

하버드 경영대학원 심리분석학 교수 아브라함 잘레즈닉 등은 경영자가 종종 제품이나 시장, 소비자보다는 사내 정치에 더 많은 관심을 쏟는다고 주장했다.[39]

'모든 사람에게는 공격적 성향이 있다. 이를 억누르려고만 하면 잘못될 가능성이 있다. 따라서 경영자는 직원들의 공격적 에너지를 잘 관리해 직원들의 응집력과 사기를 높여야 한다'는 것이다.

사내 정치가 많은 순이 곧 민주적인 기업이라면 공기업이 사기업보다 사내 정치가 많을 것이다.

사내 정치에서도 합당, 탈당, 분당, 이적, 영입, 헤쳐모여 등이

---

39) 워렌 베니스, 아브라함 잘레즈닉 등, 〈리더십의 딜레마〉, 김정혜 옮김, 21세기 북스, 2009

이루어진다. 현실 정치 형태에서 보여지는 양상들은 다 나타나고 정치공학적으로 전략, 전술들이 필요할 때도 있고 계파간 갈등, 철새들도 있다.

사내정치가 활발한 직급은 과장급이다. 왜냐하면 과장은 중간 관리자로서 간부로 진입하기 바로 직전의 직급이기에 그렇다.

사내 정치에 있어 당신의 선택에는 네 가지가 있을 것이다.

첫째, 어느 라인에도 속하지 않은 독고다이(정치 무관심자).
둘째, 한 라인에 뿌리박은 충성파.
셋째, 기회를 보아 라인을 옮겨 다니는 철새.
넷째, 당신 자신의 라인을 만드는 창조자.

당신이 새내기 직원이거나 하급 직원이라면 정치의 중심에 설 일은 없다. 하급 직원들이 정치적 행동을 한다면 경조사 챙기기, 회식 빠지지 않기 등이 대다수일 것이다.

당신이 정치에 참여하기 싫다고 구경만 하도록 주변에서 내버려 두지는 않을 것이다. 한 명이라도 자기 조직에 가담시켜 조직을 키우려고 할 것이기 때문이다.

따라서 정치에 휘말리고 싶지 않더라도 누가 회사에서 가장 강력한 힘을 가지고 있는지, 사내정치의 구도는 어떻게 되어 있는지 정도는 관찰하고 있어야 한다. 당신도 언젠가는 선택을 해야 하기 때문이다.

사내 정치의 큰 흐름은 줄서기이다. 즉, 당파, 계파를 정하는 것이다. 사내 정치도 정치인지라 정권을 잡으면 승승장구하다가도 실각하면 추풍낙엽처럼 떨어진다. 정치는 무상한 것이므로 해가 떠오를 때가 있으면 지는 때도 있다. 이것을 인정했다면 떨어져 나가도 노여워하거나 슬퍼하지 말라.

라인을 선택해야 할 때는 가장 강한 라인에 붙는 것이 일반 상식이다. 강한 집단은 잘 무너지지 않는 법이다. 눈에 잘 보이지 않는 실세를 찾아 그에게 줄을 서는 것이다.

하지만 이것보다 더 중요한 것은 그 라인이 진정 회사를 위한 라인인지, 또 이상적인 철학을 가진 라인인지 알아보고 나서 그쪽에 서도록 하자.

정치사나 전쟁사를 보면 반인륜적이고 폭력적이고 사리사욕에 눈먼 권력집단은 결국은 무너졌다. 그런 라인에 잘못 들었을 때, 또는 그런 잘못된 사람을 라인에 받아들였을 때는 최악의 수순을 밟게 된다.

대부분의 전문가들이 정치보다 인적 네트워크를 추천하는데, 사실 말만 미화시킨 것이지 인맥과 대동소이 하다고 생각한다. 그 인적 네트워크는 어떻게 만들까?

평사원으로 입사해 SK회장에까지 오른 손길승 회장은 인맥 형성에 타의 추종을 불허했다. 그는 거의 모든 사내 교육과 회의에 참석하여 사내 인맥을, 또 동문회 등을 통해 막강한 사외 인맥을 구축했다. 한 번 만나면 누구든 친구로 만드는 그가 밝힌 인맥 구축의 핵심은 다음과 같다.

"모든 사람들로부터 '저 사람과 함께 일하면 좋겠다'는 말을 듣도록 처신하고 일하는 것이다."

상사에게 따지는 방법

당신보다 지적 수준이나 관리능력이 떨어지는 상사를 만날 수도 있다. 그런 상사들에게 따질 때는 어떻게 하는 것이 좋을까?

아무리 상사에게 화가 나더라도 그의 체면을 존중하며 따져야 한다.

여러 사람들 앞에서 상사의 의견에 대놓고 반박한다거나, 아니면 사내 게시판에다 상사를 고발하는 글을 올리는 것은 매우 현명하지 못한 방법이다.

상사 역시 여러 사람들 앞에서는 자신의 체면을 지켜야 하기 때문에 더욱 더 당신의 의견을 들으려고 하지 않는다.

따라서 당신은 무엇인가 따질 일이 있으면 상사와 단 둘이 있는 곳에서 논쟁해야 한다. 그때도 상사의 체면을 건드리는 언행을 해서는 안 된다. 그렇지 않으면 조조에게 처형당한 양수의 꼴이 될 수도 있다. 이때 조조는 이렇게 말했다.

"매번 내 생각과는 다르면서 곧은 먹줄만 퉁기려 했고, 너그러이 용서한 후에도 행동을 고치지 않으니 사형에 처해 마땅하다."

자, 그러면 일단 따지는 방법은 그렇다 치고, 얼마나 오래 따지는 것이 좋을까?

정답은 없다.

끝까지 싸워 자신의 의견을 관철시켜야 한다는 사람도 있고, 두 번 정도 따져도 안 되면 포기하라는 사람도 있다. 나(윤경환)는 그 사안의 중대성이 기준이라고 생각한다. 중요한 문제는 끝까지 따져야 하고, 그렇지 않은 문제는 적당하게 포기하는 것이 좋다는 얘기다.

간접접근:
업무보다 더 중요한 것

1장. 업무보다 사교를 잘하라

회사에서 업무능력이 떨어지는 사람이 업무능력이 출중한 사람을 제치고 먼저 승진하는 경우가 종종 있다. 참으로 불가사의, 한 일이다. 우리 사회는 능력 위주의 사회라고 하는데 회사에서는 왜 이런 일이 벌어질까.

다음 예를 보면 불가사의하다는 생각은 금방 바뀔 것이다.

엄무중 대리는 항상 바쁘다.

아침에 사무실의 불을 켜고, 밤에 끌 정도로 일을 많이 한다. 일 처리한 것을 보면 흠잡을 것이 없다. 업무 평가에서는 상위다. 그러나 경조사가 있어도 일 때문에 참석하지 않거나 항상 늦는다. 그리고 내일 할 일이 있다면서 먼저 자리를 뜬다. 누가 잠깐 커피 한 잔 하자고 해도 바쁘다며 일에만 매달린다. 동료들 눈에는 혼자서 회사 일을 다 하는 것처럼 보여 평판이 좋지 않다.

반면 여유만 대리는 평범한 출퇴근 시간을 지키며 그리 바쁜 것도 없이 여유 있게 일한다. 업무는 아주 뛰어난 편은 아니지만 그렇다고 남보다 뒤지지도 않는다. 그러나 사내의 사교모임 만큼은 빠짐없이 참석하여 분위기를 잘 만들고, 놀 때는 화끈하게 논다. 그리하여 그는 인기가 좋다.

회사에서는 엄무중 대리가 아니라 여유만 대리가 승진한다.

본연의 업무 외에 회사에서 중요한 것들이 무엇인지 알기 위해서는 그러한 부문에서 약점을 드러내는 사람들을 관찰할 필요가 있다.

2007년 〈잡코리아〉가 1,218개사의 인사담당자로부터 얻은 '꼴불견' 새내기 사원의 유형은 다음과 같았다.

개인주의(37.1%), 부족한 문제해결능력(33.9%), 전공 관련 전문지식 부족(31.5%), 유연한 사고력 결여(29.8%), 커뮤니케이션 능력 부족(22.6%), 책임감 부족(21.5%), 업무이해도 및 수용능력 부족(20.0%)...

이 조사에서 밑줄 친 것들을 유심히 보면 해답이 보인다.

그 해답 중 하나인 사교는 직장인 뿐만 아니라 프리랜서나 자영업자에게도 중요하다.

나(김율도)도 그런 경험을 했는데, 글만 잘 쓰면 된다는 순진한 생각으로 방송작가를 시작했다가 중간에 그만 둔 적이 있다. 알고 보니 방송작가는 글만 잘 쓴다고 되는 것이 아니고 구성작가의 경우 오히려 섭외를 잘 해야하고 회의할 때 좋은 아이디어를 잘 설명해야 하고 궁극적으로 PD들과 친해야 한다. PD가 작가를 선택하고 기획도 같이 하기에 PD의 마음에 들어야 하는 것이다. 드라마 작가는 그보다는 덜하지만 그래도 사교성이 있으면 유리하다 .

사교도 하나의 일이라고 생각하면 어떨까. 아니, 그것보다는 사교를 통해 나를 돌아볼 수 있고, 사교를 통해 혼자서는 살 수 없고 어우러져 살아가는 것이 중요하다는 것을 깨닫자.

1) 친화력 기르는 법

회사에서 친화력을 기르기 위해서는 어떻게 해야 할까?

매일 술(회식)에 쩔어 살아야 할까? 아니면 문상과 백일, 결혼식만 챙기는 '경조사맨'이 되어야 할까? 혹은 일은 안하고 이 부서, 저 부서 다니면서 '소식통'이 되어야 할까? 그런 것도 한 가지 방법이겠지만 그러다 본업에 소홀해지면 오히려 낭패다.

친화력을 기르는 방법은 많이 있겠지만, 여성 특유의 친화력이라는 표현을 쓰는데서 힌트를 얻으면 된다. 여성의 특징은 한마디로 부드러움이다. 사람은 정도의 차이는 있지만 남성적인 면도 있고 여성적인 면도 있는데 친화력에 있어서는 여성적인 면을 배워야 한다. 즉 대화를 많이 하고 유대감을 높히기 위해 사교 모임 등에 많이 참여하는 것이다.

또 다르게 표현하면 언제든 와서 쉴 수 있는 휴식처 같은 사람이 되는 것이다. 오래된 노래 가사같지만 실제로 이 방법으로 친화력이 길러진다면 적극 실천해야 할 것이다.

친밀한 관계를 만들기 위해서는 몸을 부딪히며 땀을 흘리는 것도 좋다는 정보를 추가로 제시한다. 사무적인 공간에서 벗어나 정신적, 신체적 교류를 나누는 것은 생각보다 상당한 효과가 있다.

만일 회사에 당신이 원하는 동호회가 없다면 당신이 설립하면 된다. 실제로 나(윤경환)는 사내에 댄스 스포츠 동호회를 만들어 스스로 강사가 되기도 했다. 이들 동호회는 당신을 회사의 다른 부서 사람과 소통하게 해주는 좋은 통로이기도 하다.

영국군은 전통적으로 개별 지역 출신 젊은이들만으로 연대를 구성했다. 그들은 매우 뛰어난 전투력을 발휘하였는데, 이는 어릴 때 함께 몸과 몸을 부딪치며 자라온 젊은이들의 유대감과 결속력은 처음 만난 사람들만으로 구성한 부대에서는 결코 얻을 수 없기 때문이었다.

2) 커뮤니케이션을 잘하면 팀장이 된다

최고의 팀장 후보 1위는 업무능력이 뛰어난 직원일까? 꼭 그렇지만은 않다. 업무능력보다는 커뮤니케이션이 우선이다.

설문조사에서도 '직장에서 성공하기 위한 가장 중요한 능력'으로 60% 이상이 '커뮤니케이션 능력'을 꼽았다.

단언컨대 기업에서 필요로 하는 커뮤니케이션 능력과 대인관계를 각급 학교에서 필수적으로 가르쳤다면, 학교에서 우등생이 사회에서 열등생이 되는 일은 없었을 것이다.

'커뮤니케이션 능력이란 무엇을 말하는가' 라는 어느 설문의 대답은 1) 말하기 2) 이해능력 3) 듣기능력 4) 글쓰기능력 순으로 나타났는데, 이는 많은 시사점을 던져준다.

직장에서 커뮤니케이션을 잘한다는 것은 바쁘게 돌아다니며 의견을 전달하는 것을 뜻하는 것이 아니라 <u>정확히 말하고, 올바로 이해하고, 잘 듣고, 글로 잘 표현하는 것</u>을 뜻한다.

상대방과 서로 생각이 다르더라도 그 차이점을 올바르게 알고 서로간의 오해가 없어야 하고, 의견 사이에 조율이 있어야 한다.

① 말 잘하는 방법

지금 시대는 확실히 글보다는 말 잘하는 사람이 우대받는 시대이다. 글쓰는 사람으로서 억울한 면이 있다.

말도 잘하고 글도 잘쓰면 금상첨화겠지만 신은 하나를 주면 하나를 빼앗는다. 그래서 후천적인 노력이 필요한 것이다.

회사에서 말하는 경우에는 발표, 토론, 업무상 대화, 사적인 대화 등이 있다. 말 잘하는 사람이란 자신의 의도를 정확하게 요약하여 타인의 공감을 얻는 사람이다.

예를 들어 유창한 대리가 발표를 했는데 대부분의 반응이 '야, 저 사람 말 잘한다' 라는 반응이 나왔다면, 유창한 대리는 말만 번지르르하게 한 것이다. 즉, 말의 테크닉만 좋았을 뿐이지, 내용을 설득력 있게 전달하지는 못한 것이다.

반면 진솔한 대리가 발표를 했는데 사람들이 '아하, 그렇구나' 하고 수긍했다면, 그는 말을 아주 잘한 것이다. 비록 달변이지 못하고, 좀 실수가 있었더라도, 그 뜻이 진심으로 전달되고 공감대가 형성되었다면 그는 말을 잘한 것이다.

말하기의 기술적인 면에 대하여 간단히 핵심만 살펴보자.

우선 말의 속도를 조절함으로써 나의 의도대로 전달할 수 있다. 즉, 중요한 부분이나 숫자는 천천히, 나머지는 보통 속도로 말하는 것이 핵심이다.

또한 발표 시 떨리는 것은, 사람들이 나의 발표에 어떤 반응을 보일까, 잘할 수 있을까 불안하기 때문이다. 이것은 연습과 자신감으로 극복할 수 있다. 즉, 자신이 가장 훌륭한 것을 발표한다고 생각하고 자신감을 가짐으로써 떨림을 방지할 수 있다.

② 이해력을 기르는 방법

직장에서 필요한 이해력에는 말(구어체)과 글(문어체), 두 가지 측면이 있다. 업무를 설명할 때, 기획서를 읽을 때, 혹은 회의할 때, 그 내용을 이해하지 못한다면 이는 결코 작은 문제가 아니다.

일상 대화에서 사용하는 구어체에서는 어려운 단어를 이해하는 능력보다는 농담과 진담을 구별하는 능력, 뉘앙스, 유행어, 은어 등을 이해하는 능력이 중요하므로 이런 센스를 기르는 것이 좋다.

반면 문어체의 경우는, 조금 어려운 한자나 전문 용어가 약하면 이해하기 어려우므로, 이에 대한 공부를 하는 것이 좋다.

글에 대한 이해력을 기르기 위해서는, 문장을 많이 읽는 것이 좋다. 만화책이든 신문이든 많이 읽는 것이 좋다.

문장 이해력을 높히는 가장 좋은 방법을 추천하자면 중고등학교 교과서를 정독하는 것이다. 교과서는 정확한 문법으로 써있기에 올바른 문장을 익힐 수 있다. 국문학을 전공한 시인 류시화는 번역 일을 하기 위해 중학교 1학년 영어 교과서부터 다시 공부한 일화는 두고두고 기억할 일이다.

글은 능동적이지만 말은 수동적이다.

글은 자신의 의지에 의해 집중해서 읽을 수 있고, 이해가 안 되면 여러 번 반복해서 읽을 수 있다. 그러나 말은 자신이 듣고 싶은 것만 듣고 그렇지 않은 것은 흘려보낸다. 또 놓치면 그대로 지나가 버린다. 말은 '재방송 없는 생방송'이므로 특히 주의해서 들어야 한다.

구어체의 이해력을 높이는 방법으로는 만화나 영화, 드라마를 권장한다.

효과적인 영화 보기의 테크닉에는, 어떤 대사가 나오면 그 다음 대사를 상상하는 것이 있다. 그리고 많은 사람들이 웃은 대목에서는 그 이유를 파악하여 분석해보자.

그런 후 실전에서 많은 사람들을 만나 이야기를 나누며 자신이 분석한 것을 써먹는다. 말이라는 것도 해야지 느는 것이므로, 사람들 틈에 끼어 자주 어울려야 언어 이해력을 높일 수 있다.

③ 잘 듣는 방법

'우리말은 끝까지 들어봐야 안다'는 말이 있다. 영어와 달리 우리말은 동사가 뒤에 나오기 때문에 끝까지 들어봐야 알 수 있다.

우리말 속에는 우리의 고유정신이 반영되어 있다. 과정인 '어떻게'가 앞에 나오고 결과인 '~했다'는 뒤에 나오니 전통적으로 결과보다는 과정을 중시했다.

그런데 서구적 사고방식이 밀려들어와 결과를 더 중요시하니 빨리 결과를 듣고 싶어 답답해 하는 것이다. 정신과 언어체계의 불일치가 일어나므로 말이 빨라지고 답답해서 중간에 말을 자르는 경우가 많아지는 것이다. 실수하지 않고 정확한 말을 하려면 상대방이 하는 이야기를 처음부터 끝까지 다 들어야 한다.

그러면 주제나 키워드가 잡힌다. 핵심이 무엇인지 알아야 잘 들은 것이다. 주변부만 기억하고 핵심은 빼먹는다면 문제가 있다.

또한 상대방이 아무리 나와는 반대의 주장을 펴더라도 일단 다 듣고 그의 입장에서 생각해 보자. 그러면 상대방이 이해가 되고 상대의 입장에서 해결책을 제시하게 되므로 의외로 쉽게 나의 뜻을 관철시킬 수 있다. 공감력이 뛰어난 사람이 인간관계에서 성공한다는 말이 바로 이 말이다. 실제로 위대한 CEO들은 말을 잘 하는 사람이 아니라 남의 말을 잘 듣는 사람이라는 속설이 있다.

중세 일본에서 도요토미 히데요시 사후 천하를 두고 다툰 이시다 미쓰나리와 도쿠가와 이에야스를 생각해보자. 미쓰나리는 남의 말을 중간에 자르고 일방적으로 대화를 끝내기를 곧잘 했기 때문에 타인의 미움을 받았다. 반면 이에야스는 언제나 남의 말을 끝까지 경청한 후 정중하게 자신의 의견을 밝혔다.

그런 태도의 차이가 상대방에게 주는 심리적 효과는 만만치 않다. 결국 많은 영주들은 자신들의 말을 듣지 않은 미쓰나리를 배신하고, 자신들의 말을 잘 들어준 이에야스를 선택했다.

④ 회사에서 글 잘 쓰는 법

회사에서 글을 써야 하는 경우인 기획서나 보고서는 핵심을 개성적인 문체로 정확하게 전달하는 것이 가장 중요하다.

문장력을 기르는 데는 필사만한 것이 없다. 필사란 남의 글을 직접 그대로 따라 써보는 것을 말한다. 일가를 이룬 작가들은 명작들을 필사하며 습작기간을 거쳐 거목같은 작가가 되었다. 예를 들어 소설가 신경숙은 필사를 많이 한 작가인데, 어느 날 조세희의 〈난장이가 쏘아올린 작은 공〉을 읽던 중 잘 이해되지 않아 한 줄 한 줄 적다보니 결국 한 권을 통째로 그대로 노트에 다 베껴 썼다는 일화가 있다.

나(김율도)도 습작 시절에 10여권의 노트에 시를 그대로 옮겨 적으며 육필로 나만의 명시 모음집을 만든 경험이 있다.

그 정도까지는 아니더라도 일상 속에서 틈틈히 명작의 주요 부분, 시 한 편 정도씩은 복사가 아니라 직접 노트에 적는 습관을 들이면 문장력이 몰라보게 좋아질 것이다.

그리고 또 한가지 고정관념을 깨야 할 것이 있다. 업무와 관련된 글쓰기라고 개성없이 건조한 것이 무조건 좋은 것일까? 비유와 상징, 생략법, 시적인 보고서, 소설기법의 기획서 등을 생각해 보면 어떨까? 무협지같은 기획서, 연애편지같은 보고서는 어떨까? 이처럼 개성적인 형식의 글쓰기를 업무에도 연결시킨다면 인상깊게 각인되어 성공적인 글쓰기가 될 수 있다.

한편 직장에서의 이메일은 사내의 업무 지시 및 보고에도 사용되고, 협력업체와의 연락이나 미팅 등에도 사용되는 등 그 중요도가 높다.

이메일을 쓰고 나서는 반드시 의도하는 내용을 정확히 표현했는지 검토해야 한다. 혹시 다른 뜻으로 읽힐 수 있는지도 여러 번 검토하자.

또 메일은 오래 남는 것이므로 나쁜 감정이 섞인 내용은 자제하고, 교묘한 농담이나 비판은 삼가하고 차라리 말로 하길 권한다.

예를 들면 농담으로 '너 사오정이냐, 왜 그렇게 못 알아들어',라고 글로 쓰는 것과 그냥 웃으면서 말로 하는 것은 받아들이는 입장에서 엄청난 차이가 있다.

같은 내용이라도 말로 하면 억양이나 뉘앙스를 통해 감정을 적절히 표현할 수 있지만, 메일은 이모티콘을 써도 감정이 100% 전달되지 않으며 농담도 오해할 수 있게 만들기 때문이다.

3) 무기 없이 즐겁게 싸우는 기본 전술

사람들은 인성의 기본에 충실해야 성공한다는 공공연한 비밀을 간과한다. 알고 보면 이것이 무기(최강의 업무능력) 없이 즐겁게 싸울 수 있는 가장 강력한 힘인데도 말이다.

무기 없이 싸우는 성공적인 전략의 하부 전술로서 다음 네 가지 기본 전술을 제시한다.

① 충성심　　　　　② 에티켓
③ 자기 PR과 브랜드　　④ 공과 사의 구별

다음 장부터 네 가지 기본 전술에 대해 상세히 살펴볼 것이다.

2장. 맹목적인 충성은 위험하다

남들은 자유를 사랑한다지마는 나는 복종을 좋아하여요.
자유를 모르는 것은 아니지만, 당신에게는 복종만 하고 싶어요.
복종하고 싶은데 복종하는 것은 아름다운 자유보다도 달콤합니다.
그것이 나의 행복입니다.

- 한용운의 '복종' 중에서

시인 마광수는 위 시를 새디즘(성적 가학증)과 매조키즘(성적 피학증)으로 풀었다. 마광수는 성적인 관점으로 해석하는 시인이기에 그럴 수도 있겠다. 피학자는 고통을 받으면서 쾌감을 느끼기에 복종이 자유보다 달콤할 것이다. 반면 교과서적으로 풀이하면 이 시는 조국 혹은 절대자에 대한 복종이라고 한다.

그러나 대상이 누구든 '이유 없는 복종'은 너무나 위험하다. 맹목적인 복종은 새디즘과 국수주의, 식민지화를 낳기 때문이다.

1) 무조건적인 충성만 강요하면 안 된다

우리 기업에서 왜 충성이 생존 조건이 되었을까?

우리 민족은 사실 유전적으로 충성이 몸에 배어있다. 그 역사는 수직적 질서를 강조한 조선 성리학은 물론 신라 화랑의 세속오계(특히 사군이충(事君以忠))까지 거슬러 올라간다.

거기다 우리보다 더하면 더했지 결코 덜하지 않은 절대 수직적 질서의 사회인 일제 식민지를 겪었고, 그 후 대부분 남성들은 냉전체제의 산물인 징병제 군대에서 상명하복의 질서를 배웠다.

한편 한국은 OECD 국가 중 최고의 자살률을 자랑한다. 왜?

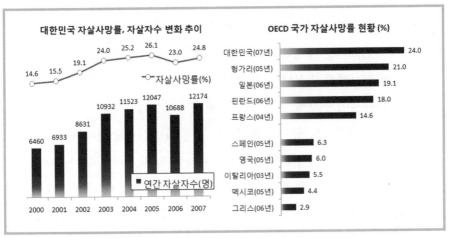

자료: 통계청, OECD

경제 선진국에서 자살률이 최고라는 아이러니는 무엇을 말하는가. 이는 행복은 돈으로 해결되지 않는다는 말이다. 또한 이제는 경제를 살리지 말고 사람을 살려야 한다는 신호이다.

자살률이 세계 1위인 또 다른 이유는 바로 위에 서술한 복종의 문화 때문이다. 한때 몽고에 조공을 바치며 살았던 굴욕적인 현실

순응 역사는, 역성혁명에 대한 콤플렉스 때문에 중국의 속국을 자처한 조선시대에 이르러 절정에 이르렀다. 그 역사는 지금까지 이어져 내려와 강한 자에게 순응하며 살아가는 '복종의 미학'이 되어버렸다.

권위에 잘 복종하는 것이 강대국 사이에서 우리 민족의 생존의 길이었고, 그래서 집단을 위해 개인은 희생해야 좋은 것이라고 배웠기에 사람들은 위기가 닥쳤을 때 쉽게 자살을 선택한다.

가족을 위해 가장이 희생하고, 회사를 위해 직원이 희생하고, 나라를 위해 국민이 희생하기를 강요하는 사회이기에 자살은 너무나 자연스러운 해결책이 되는 것이다. 자살을 범죄로 간주하는 외국인은 이해하지 못한다.[40] 개인의 희생이야기가 아름다운 이야기로 미화되어 신문에 나는 것을 이해하지 못한다.

많은 사람들도 회사에 충성하는 것을 자연스럽게 생각한다.

그러나 요즘의 신세대들은 충성이라는 말에 거부감을 나타내고 있다. 이 말에는 '무조건적인 복종' 이라는 뉘앙스, 즉 개개인의 철학이나 신념은 무시하고 회사가 시키는 대로 해야 한다는 뉘앙스가 들어있기 때문이다.

세상은 수평 질서의 사회인 인터넷 시대가 되었고, 우리나라에 들어온 수많은 다국적 기업들은 회사 내에서 전혀 다른 질서가 존재 가능함을 증명하고 있다. 시대가 서서히 변하는 만큼 충성도보다는 다른 기준이 필요하다.

---

40) 카톨릭 교회는 자살을 범죄로 규정한다. 지금도 영국과 미국의 어떤 주에서는 자살을 범죄로 간주한다. 또한 서구인들은 자신의 신념을 지키기 위해 목숨을 던지는 것은 칭송하지만, 집단을 위해 개인이 희생하지는 않는다.

2) 화를 잘 내는 사람이 승진한다

직장인들은 겉으로는 웃고 있어도 속으로는 울고 있는 경우가 많다. 그들은 제각기 훌륭한 포커페이스를 가지고 전쟁에 임한다.

특히 리더나 팀장들에게는 더욱 더 좋은 포커페이스가 요구된다. 이순신 장군은 적의 총알을 맞았을 때 자신의 죽음을 알리지 말도록 지시했다. 이순신 장군을 너무나 존경한, 러일전쟁의 영웅 도고 헤이하치로 제독 역시 부하 함장들이 사고로 함선 여덟 척을 잃고 와서 울고 있을 때 전혀 화내지 않고 조용히 과일 접시를 건넸다고 한다.

직장인들의 절대다수인 95.9%는 표정관리가 필요하다고 생각한다. 그들은 주로 ① 기분 나쁜데 괜찮다고 말해야 할 때 ② 내 잘못이 아닌 일로 질책 받을 때 ③ 하기 싫은 야근, 잔심부름을 할 때 표정관리가 필요하다고 말한다.

고통을 참아야 승진하고 살아남을 수 있다는 것이 대다수의 생각이다. 그런데 여기 정반대의 연구결과가 있어 흥미롭다. 화를 참지 말고 잘 내야 빨리 승진한다는 것이다.

미국 하버드 의대의 조지 베일런트 교수는 44년 동안 800여명의 심리와 승진을 연구했다. 그 결과, 직장에서 실망과 좌절감을 감추고 참은 사람은 승진하지 못할 가능성이 참지 않은 사람에 비하여 3배나 높은 것으로 나타났다.[41]

---

41) Telegraph, 2009년 3월 1일.

우리가 배워온 상식과는 반대되는 결과지만 다시 한 번 생각해 보면 일리가 있다. 즉, 화를 내는 것이 카리스마나 도전 정신으로 본다면 자연의 이치와 잘 맞는다.

무조건 참고 수긍하는 '항복'이 아니라, 깨지더라도 도전하고 결전을 치르면 실패도 있겠지만 성공 가능성도 높다는 것이다. 또 남들도 카리스마 넘치는 그를 다르게 보고 인정하게 된다는 원리이다. 그러므로 내 잘못이 아닌데 질책을 받을 때나 불의를 보았을 때는 참지 말아야 한다.

물론 동양과 서양의 가치관은 다르고, 특히 '참을 인이 3개면 살인도 면한다'면서 참는 것을 미덕으로 여기는 것이 우리나라지만, 이제는 억울한 일이 있을 때는 참지 마라. 건강은 물론 승진에도 지장이 있다. 화를 내야 하는 자리에서는 적당한 선에서 화를 내는 것이 좋다.

그렇다고 매사에 화를 낸다면 이것도 기피대상이 될 테니 적절히 자기 주장을 할 줄 아는 테크닉을 배워야 한다. 그 중 한 가지 테크닉은 자신의 의견을 강하게 내세울 때는 절대로 감정에 휩쓸려 이성을 잃지 않는 것이다.

제2차 세계대전 당시 독일의 해군제독 되니츠는 매우 조용하고 점잖은 신사였다. 그는 좀처럼 화를 내는 사람이 아니었지만 어느 날 히틀러와 히틀러의 오른팔 괴링에게 언성을 높인 적이 있었다. 그러나 그 내용이 워낙 사리에 맞았고 되니츠의 태도도 예의에 어긋나지 않았기 때문에, 그들은 찍소리도 못하고 이후 되니츠를 함부로 대하지 못했다.

대학생들이 가장 존경하는 CEO로 꼽힌 안철수 교수는 남들 앞에서 화를 내 본적이 없다고 한다. 그렇게 화 안내고 어떻게 살까, 그러다 암이라도 걸리는 것이 아닐까 생각할지 모르지만, 정말로 그는 화가 나지 않았다고 한다.

즉, 화를 참은 것이 아니라 그냥 화가 나지 않았다는 것이다.(그래서 아마 그는 전쟁터에서 벗어나 학교로 갔는지 모른다) 이 정도면 성인의 경지인데 우리같이 평범한 사람들이 어찌 그럴 수 있겠는가.

착한 사람이 곧 선한 사람은 아니다.

즉 직장에서 항상 참는 것이 능사는 아니고 꼭 화를 내야 할 때는 내는 것이 필요하다.

실제로 미국에서 IT 기업의 신화적인 존재들은 반항아적인 기질을 지닌 사람들이다. 제도교육에 대한 반항, 통념에 대한 반항으로 성공한 것이다.

Steven Paul Jobs

빌 게이츠와 폴 앨런, 스티브 잡스 같은 이들은 무조건 복종하는 사람들이 아니다. 지금도 스티브 잡스는 여전히 화를 잘 내고, 이웃 회사들을 열심히 비난한다.

대부분의 위인들은 물론 훌륭한 군사 지휘관들도 반항아였다. 한나라를 세운 유방은 젊은 시절 완전히 날건달이었고, 오다 노부나가는 부친의 제단에 향가루를 뿌리고 타락한 종교인들을 몰살한 시대의 반항아였다. 미국의 패튼 장군 역시 욕을 입에 달고 다니며 상부의 명령에 대든 거친 남자였다.

그런 반항아 캐릭터들이 영화나 역사에서 멋있어 보이는 이유는, 현실에서는 우리가 해보지 못하기 때문이다. 누구나 반항적인 기질은 본능적으로 있지만 본능을 억제하고 '모범 직장인'으로 길들여져 있다.

시키는 대로만 잘하는 '모범 직장인'이 될 것인가, 아니면 소신 있게 자기 주장을 펴는 '예비 CEO'가 될 것인가?

지도자적인 기질이 있는 사람은 길들여지기보다는 자기 주장을 하는 사람이다.

3) '충성'이라는 말을 쓰지 말라

그럼에도 불구하고 충성은 필요하다.

불충한 부하들로 구성된 군대가 승리한 경우는 역사상 존재한 적이 없다.

이쯤에서 말하고자 하는 바를 명확히 해두겠다.

즉, 충성해야 성공한다고 해서 충성심도 없는데 억지로 충성 노릇해서는 안 된다는 것이다. 이 점, 다시 말해 '진심'을 매우 중요하게 생각한다.

거짓 충성은 당신 자신을 속이는 짓이다. 그것은 충성이 아니라 인생을 저당 잡히는 아부에 불과하다. 그것은 인생을 담보로 회사에 목숨을 부지하는 눈가림 이상도 이하도 아니다.

거짓 충성은 곧 들키기 마련이고 절대로 오래가지 못한다. 또한 당신은 믿지 않겠지만 상사들은 당신의 충성이 진심인지, 가장인지 어렵지 않게 꿰뚫어볼 수 있다. 아부는 왠지 어색하고 과장되고 말과 행동이 불일치되고 지속적이지 못하니 금방 탄로난다.

중국 고전 〈사기〉의 '이사열전'을 보면, 거짓충성 곧 아첨이 얼마나 큰 비극을 초래하는지 알 수 있다.

이사는 시골 하층민 출신이었지만 뛰어난 아첨과 처세로 진시황의 신하가 되었다. 그는 전국시대 말엽 열국의 약점과 분쟁을 교묘히 이용하여 계략을 꾸몄고, 진시황을 보좌하여 법치주의를 확립함으로써 진나라 재상에 올랐다.

그러나 이사는 제왕술을 배웠음에도 불구하고, 시황제의 결점을 보완하려고는 하지 않았다. 또한 시황제에게는 아첨과 영합을 일삼은 반면 밑의 사람들에게는 형벌을 혹독하게 가했다.

그랬던 이사가 시황제가 죽은 후, 환관 조고에게 현혹되어 시황제가 유언으로 세운 적자를 폐하고 서자를 황제로 세우는 반역에 가담하였다. 조고는 낭중관(비서실장)에 취임했고 새로 추대된 2세 황제의 신임을 얻어 곧 정권을 장악했다.

2세 황제가 즉위한지 채 1년도 되기 전에 농민들이 반란을 일으켰다. 정세의 급변을 우려한 이사가 2세 황제에게 누차 상소를 올렸지만 조고의 방해로 받아들여지지 않았다. 급기야 이사는 조고를 탄핵했지만, 이미

조고의 꼭두각시가 된 2세 황제는 오히려 이사를 모반 혐의로 체포했다.

결국 한때 진나라 최대 공신이었던 이사는 자신이 제정한 법령에 의해 허리를 잘리는 형벌을 받고 죽었다. 불과 1년 후, 2세 황제는 조고에게 죽임을 당했고, 조고는 3대 황제에게 살해되었으며, 진나라는 유방과 항우에 의해 멸망했다.

그렇다면 거짓 충성이 아닌, 마음에서 우러나오는 '충성심'을 갖기 위해서는 어떤 마음 자세가 필요한가?

우선 '충성'이라는 말을 쓰지 말고 '애사심'이라는 말을 쓰자. '충성'은 의무적으로 복무해야 하는 군대에서 많이 쓰는 단어이기 때문에 자발적인 마음이 들어가 있지 않다.

반면 '애사심'은 '내가 선택한 회사이니 성실하게 회사의 방침에 협조한다'는 의미로 받아들일 수 있다.

회사는 어느 직원이 애사심이 있는지 없는지 다 알고 있다. 회사는 모든 정보가 끝없이 흐르는 곳이기 때문이다.

또 산전수전 다 겪고 눈빛만 봐도 사람의 마음을 읽을 수 있는 CEO들은 누가 아부하는지 누가 애사심이 있는지 다 안다.

예를 들어 사장이 골프를 치다가 공이 벙커에 빠졌다고 바로 가져다주고 필요한 물건을 바로 바로 준비한다고 해서 '충성심'이 강하다고 생각하지는 않는다.

'충성심'은 진짜 중요한 순간이나 위기때 나타난다.

애사심을 키우는 지름길은 '지금까지 당연하게 생각해 온 것'을 '다시 생각'하는 것이다. 나를 낳고 길러주신 부모님이나 은사

께는 감사하면서, 경제적, 사회적 터전을 마련해 준 회사에는 과연 감사하고 있는지 다시 한 번 되짚어 봐야 한다.

회사는 당신에게 고마운 존재이다. 회사는 당신을 채용해서 당신의 꿈을 이룰 수 있는 기회를 만들어 주었기 때문이다. 게다가 학교는 돈을 내며 다녔는데, 회사에서는 오히려 돈을 받는다. 또 나의 능력을 키울 수 있는 배움의 장도 얻고 삶의 보람까지 느끼지 않는가? 나를 채용한 나의 회사는 나에게 너무나 고마운 존재이다.

한편 회사도 이제는 바뀌어야 한다. 하루라도 빨리 글로벌 경쟁력을 키워야 할 판에 언제까지 충성 타령만 할 수는 없다.

맹목적 충성심으로 넘친다고 그 사람에게 위기를 타개할 능력이 있는 것은 아니다. 또 아부로 큰 사람은 정작 위기가 닥쳐오면 제 살 길을 찾아 떠나기 마련이다.

도쿠가와 이에야스가 일본을 통일한 후 8만 명의 직속부하들을 직업 군인인 하타모토에 임명했다. 이들은 도쿠가와 막부에 충성하면 먹을 것과 입을 것, 게다가 막대한 권력이 보장되었기 때문에 항상 막부에 충성한다고 입으로 떠들었다.

그러나 260년 후 메이지 유신이 벌어지자 대부분의 하타모토들은 싸울 생각도 없이 흩어졌다. 그들에게는 전투를 벌일 능력도 없었고 고난을 이겨낼 의지도 없었기 때문이었다.

4) 회사의 경영이념을 실천하면 승진한다

많은 자기 계발서는 '사장의 마음으로' 일하라고 가르친다. 그런데 사장을 만날 일이 없는 평직원들이 어떻게 사장의 마음을 알 수 있을까? 직장인들은 최고경영자의 가장 흔한 거짓말로 '이 회사는 여러분의 것'을 손꼽았다. 그런데 직원들은 이렇게 뻔한 거짓말은 간파하지만 진짜 '사장의 마음'은 잘 모른다.

사장의 마음은 회사의 경영이념에 그대로 쓰여 있다.

삼성의 경영이념은 "인재와 기술을 바탕으로 최고의 제품과 서비스를 창출하여 인류사회에 공헌한다"이고 LG의 경영 이념은 "고객을 위한 가치창조", "인간존중의 경영"이다. 삼성은 인재와 제일을 추구하는 것은 널리 알려져 있고 LG는 고객과 인간자체를 존중한다는 더 숭고한 뜻을 품고있다.

구글의 경영이념은 '악해지지 말자'인데 파격적이지만 기본적이고 올바른 철학은 마치 기존의 회사들에게 하는 말 같다.

특이한 경영이념을 하나 소개 하자면 국내 피자업계 선두업체 미스터 피자의 경영이념은 '신발을 정리하자'이다. 피자 배달가서 그 집의 신발을 정리함으로써 감동을 주자는 이야기다. 재미있고 구제적이고 가슴에 확, 와 닿는다.

이에 맞게 실천하면 경영자에게 좋은 인상을 줄 수 있다.

코오롱의 경영이념은 다음과 같다.

"산업인의 사명에 투철하고, 능률과 창의로써 저마다의 소질을 계발하는 보람찬 일터를 만들며, 인간생활의 풍요와 인류문명의 발전에 이바지한다."

조금은 막연하게 또 당연하게 들리는 경영이념이다. 그러나 개개인이 어떻게 실천하느냐에 따라 성패가 좌우된다.

내(윤경환)가 위 경영이념을 실천한 전술은 다음과 같다.

· 산업인의 사명에 투철하고 능률과 창의로써 : 연구원의 사명은 뛰어난 연구 결과에 있다. 나(윤경환)는 기존 직원 두 명이 하던 일을 혼자서 해냈고, 최선의 분석 결과를 내주기 위해 최신 분석기술의 공부를 게을리 하지 않았으며, 분석 서비스의 향상을 위해 분석 의뢰 시스템을 개선했다.

· 저마다의 소질을 계발하는 : 화학 전공자가 이런 책을 쓴다는 사실 자체가 소질을 계발하였다는 뜻 아닐까? 또 작곡을 하는 등 한국리스트연구회의 명예회원으로서 음악 활동을 하고 있다.

· 보람찬 일터를 만들며 : 회사에 댄스 스포츠 동호회를 만들어 직원들에게 댄스 스포츠를 가르쳤다.

· 인간생활의 풍요와 인류문명의 발전에 이바지한다 : 이 부분을 탐구하기 위해 박사과정에 복학했다.

정리하여, 회사의 경영 이념을 실천하면 승진한다는 것은 어떤 원리인가? 한번 생각해 보자.

회사 내에서 CEO의 생각을 실천하는 사람은 다른 사원들과는 다른 행동과 결과를 보이게 되고, 자연히 경영진의 눈에도 띄게 된다. 그는 회사의 입장에서(경영자의 입장에서) 일을 하므로 업무 성과나 근무 태도에서 곧 두각을 드러낸다. 그러다 보면 점차 승진하게 되니 이것은 그리 어려운 원리가 아니다.

5) 다니는 회사의 주식을 사라

만약 당신이 다니는 회사가 상장회사인데 회사 주식을 1주라도 가지고 있지 않다면 다시 한 번 생각해 봐야 한다. 회사에 대한 애사심은 있는데 주식을 잘 모른다면 주식을 배워라. 회사의 주식을 가지고 있으면, 말로만 주인이 아니고 실제로 회사의 주인이다. 나(윤경환)는 코오롱 그룹 주식을 150주 정도 가지고 있다. 다른 이들은 어떻게 말할지 몰라도 나는 회사의 주인이라고 생각한다.

회사의 주식을 가지고 있으면 좋은 점이 또 있다. 자연히 회사의 재무제표, 손익계산서 등을 보게 되고 회사의 경영 상태를 알게 된다. 부채가 얼마인지, 수익성은 좋아지고 있는지 등등 이런 정보를 알게 되면 당신이 해야 할 일을 깨닫게 될 것이다.

또한 배당을 받게 되면 월급 외에 추가수입이 생긴다.

한편 주가 변동에 영향을 끼치는 여러 가지 사회, 정치, 문화, 경제적인 연관성에 대한 통찰이 생기고, 주변 사람들이 회사에 대해 평하는 것에 관심이 생기니 다각적으로 회사를 알게 된다. 또 경제 지식과 안목이 길러진다. 현대 사회에서 경제 지식은 귀중한 무기이므로 불패하는 것이다.

입사 전에도 주식을 통해 회사의 성장성 분석, 현재의 주가를 통해 회사의 건실함과 미래의 가치를 알 수 있다.

당신이 다니는 회사가 상장회사가 아니라면?

사원이 경영에 참여하는 다양한 제도를 알아보고 실질적인 회사의 주인이 되도록 노력해야 한다.

3장. 개인브랜드는 전천후 병기이다

회사에서 개인브랜드가 중요한 이유는 고용불안과 효율성을 내세우는 인간의 부속품화 때문이다.

고용불안의 시대에 언제 퇴출당할지 모르지만, 행여나 퇴출당하더라도 개인의 브랜드가 있으면 어디서든 재기할 수 있다. 또한 큰 조직에서 하나의 부속품으로 전락하지 않고 자신의 정체성을 찾기 위해서도 개인브랜드는 중요하다.

어쩌면 회사에서의 모든 활동은 개인브랜드를 만들기 위한 활동일 수도 있다.

1) 자신을 연예인으로 생각하라

① 피할 것은 피하고 알릴 것은 알린다

PR(Public Relations)이란 이니셜의 발음을 따서 '피(P)할 것은 피하고 알(R)릴 것은 알리는 것' 이라는 말이 있는데, 이 말은 농담처럼 들리지만 딱 맞는 말이다.

굳이 당신의 단점을 만인 앞에 공개할 필요는 없다. 이것은 겸손과는 다르다. 겸손은 경거망동하게 나대지 않는 것이지, 자신의 허점을 노출시키는 것이 아니다.

적에게 나의 약점을 알리는 것은 매우 위험한 일이다. 적은 반드시 그 약점을 물고 늘어질 것이기 때문이다. 따라서 당신은 실수로라도 약점을 드러내서는 안 된다. 전쟁에서 훌륭한 지휘관은 식량이 떨어져도, 포탄이 떨어져도 절대로 그 사실을 적이 알지 못하게 막는다. 다 같은 원리이다.

영화 〈대부 2〉의 주인공 마이클 꼴리오네는 자기 연출의 묘수를 보여준다. 그는 작은 키를 감추고 자신이 우위에 있음을 강조하기 위해 누구를 만나든 먼저 자리에 앉는다. 또한 짧은 다리를 감추기 위해 항상 무릎을 꼰다. 상대방을 노려보는 위치에 자리 잡는 것은 물론 고압적인 말투를 사용함으로써 자신이 우위에 있음을

영화 〈대부 2〉에서 마이클 꼴리오네가 앉는 모습

표시한다. 다른 조직들이 그에게 무릎 꿇었음은 당연한 일이다.

누구에게나 '아킬레스의 건'은 있다. 나의 약점을 알려 인간적으로 접근하려는 방법도 있으나, 이는 아주 특별한 경우에나 통하는 것이다.

내(윤경환)가 아는 한 사원은 자신이 '대하기 편한 사람'임을 강조하려고, '군대 있을 때 참 많이 맞았어요'라고 떠들고 다녔다. 사람들이 그를 편한 사람으로 대했을까? 그럴 리 없다. 그는 한심한 사람으로 보였을 뿐이다.

② 어떻게 알릴 것인가

대포를 쏠 것인가, 각개전투를 벌일 것인가?

대포는 대중 앞에 나서서 한 방에 홍보하는 것이고, 각개전투는 개별적으로 사람들을 접촉하여 나를 알리는 것이다. 구체적으로 표현하면 대포는 광고나 이벤트, 기사를 통해서 나를 알리는 방법이고, 각개전투는 구전 마케팅으로 입에서 입으로 소문을 퍼지게 하는 것이다.

대포의 장점은 한 번에 나를 알릴 수 있고 그 파급효과가 매우 강력하다는 점이다. 그러나 대포(책, 사보, 방송, 이벤트)라는 무기를 손에 넣어야만 한다. 반면 각개전투는 별 다른 무기 없이 쉽게 수행할 수 있지만, 시간이 걸리고 금방 지친다는 단점이 있다.

위 두 가지 방법 중 당신의 환경과 여건, 그리고 당신의 체질에 맞는 방법이 정답이다.

당신이 네트워크가 약하지만 글을 잘 쓴다면 사보나 블로그에 흥미 있는 글을 써서 독자를 만들어 보라. 사람들이 당신에게 먼저 연락해 온다면 대포를 효과적으로 쏜 것이다.

회의 시간과 공식 행사로 게릴라 공격하라

회의 시간은 대포와 각개 전투의 중간쯤 되는 PR 툴(Tool)이다. 회의는 직장에서 게릴라 공격을 할 수 있는 시간이다. 그러므로 3위 이후로 밀려난 사람에게는 만회할 수 있는 좋은 기회이다. 이것은 마치 거리 곳곳에서 나타나 단기간에 소규모 판촉홍보를 하고 철수하는 프로모션 이벤트와 같은 것이다.

만일 아이디어는 많은데 발표력이 부족하다면 스피치 학원에 다니든 프레젠테이션 교육을 받아서든 개선해야 한다. 처음부터 프레젠테이션의 달인인 사람은 없다.

한편 공식 행사는 어떤가? 이 자리는 당신의 존재감을 알리는 데에는 매우 유용하다.

나(윤경환)의 후배 중 한 명은 입사하자마자 치어리더 팀에 속하게 되었다. 이 후배는 정말 열심히 치어리딩을 했고(학교 다닐 때에 춤은커녕 율동 한 번 해본 적이 없었으나), 어찌나 큰 목소리로 응원하던지 사장의 눈에 들어올 정도였다. 그 후 사장은 그 부서에 대해 이야기할 때는 항상 그 직원을 거론하였다. 당연히 부서장 역시 그 직원에게 특별한 관심을 가질 수밖에 없었다.

2) 개인브랜드의 본질은 이미지로 나타난다

회사 안에는 또 다른 의미의 경영자가 한 명 더 있다. 바로 개인 브랜드를 만드는 사람이다.

개인 브랜드에 대해서는 요즘 한창 이슈가 되고 있기에 많은 관심들이 있을 것이다. 이 점에 대해서는 따로 책 한권을 쓸 수 있을 정도로 할 이야기가 많지만 이 책에서는 가장 중요한 본질 몇 가지만 짚으려고 한다.

회사를 떠나도 개인브랜드가 살아있어야 진정한 개인브랜드이다. 또 개인브랜드는 연봉과도 밀접한 상관 관계가 있다. 인재 스카우트 시장에서 개인브랜드가 있는 사람이 더 선호도가 높고 연봉이 높게 책정될 것은 자명할 것이기 때문이다.

마케팅에서 브랜드가 점점 중요해지는 이유는 갈수록 경쟁이 더 치열해지기 때문이다. 비슷한 품질이 경쟁할 때는 이미지로 승부할 수밖에 없다.

쉬운 예로, 눈을 감고 실시하는 블라인드 테스트를 생각해보자. 눈을 감고 점유율 1위인 코가콜라와 2위인 펩시콜라를 마셨을 때 사람들은 2위인 펩시콜라를 골랐다. 그런데 시장 점유율은 맛에서 뒤지는 코카콜라가 위다. 이는 회사에서도 실력과 인기도는 다르다는 것을 증명한다.

다음에 열거한 단어들은 누구의 이미지인가?

① 불도우저, 청계천 ② 바보, 서민 ③ 노벨평화상, 투사

누구나 이것이 전, 현직 대통령들의 이미지임을 쉽게 알 수 있다. 그런데 각각의 이미지가 실제인물을 정확히 반영할까?

그렇지 않다.

이것은 대통령과 언론이 인위적으로 만들어낸 이미지이다. 사람들은 그들이 보여주려는 이미지만 보게 된다. 이는 곧 당신도 자신의 이미지를 창조할 수 있다는 뜻이다.

연예인만 이미지를 먹고 사는 사람들이 아니다. 개인브랜드의 본질을 알고 이를 구축하면 당신도 회사 안에서 주목받고 이미지를 먹고사는 연예인이 될 수 있다.

조조에게는 25명의 아들이 있었는데, 그 중 조조의 후계자 자리를 넘볼 수 있는 아들은 조비와 조식 두 사람이었다. 그들은 모두 문무를 겸비한 인재들로서 우열을 가리기 어려웠다.

하지만 두 사람은 이미지의 창조에 임하는 태도가 달랐다.

조식은 있는 그대로의 자신을 보여주었다. 그는 일을 자기 기분 내키는 대로 처리했고 술을 마실 때도 절제하지 않았다. 심지어 자신에게 대들었다는 이유로 관리를 죽이기도 했다.

조비도 사실 조식 못지않은 기분파에다 편협한 측면도 있는 사람이었다. 하지만 그는 자신의 이미지를 만들었다.

그는 자신을 엄격한 사람으로 보이게 하려고 철저하게 나라의 법도를 지켰다. 또한 조조가 출병할 때에는 말없이 눈물만 흘렸다. 결국 조조는 조비를 선택했다.

단 하나의 이미지를 만들어라

그러면 과연 어떤 이미지를 만들 것인가?

재미있는 이미지, 포근한 이미지, 강한 이미지, 근면 성실한 이미지, 진지한 이미지, 머리 좋은 이미지 등등 여러 가지 탐나는 이미지가 있겠지만, 당신은 그 중 한 가지만 결정하여 그 이미지를 만들기 위해 모든 노력을 집중해야 한다.

사람들은 단순하다. 한 사람으로부터 두 가지 이미지를 떠올리지 않는다. 따라서 오직 한 가지 이미지를 강하게 심기 위해 모든 행동과 말투를 그 이미지에 맞추어야 한다.

그 이미지가 대단한 이미지가 아니어도 좋다. 사내에서 유일한 이미지이면 된다. 제일 힘 센 사람, 노래 잘 부르는 사람, 독서왕, 가장 바른생활 사나이 등등.

유명인 중에도 그런 사람은 많다. 그들이 유명하기에 그런 이미지가 되었을까? 아니다. 그들이 그런 이미지이기 때문에 유명해진 것이다.

흰옷만 입고 특유의 느린 말투를 구사하는 앙드레김은 철두철미한 이미지메이커이다. 카리스마의 상징인 마왕 신해철, 검은 안경을 낀 털털한 조영남, 양촌리 이장 최불암 역시 실력도 실력이지만 그 뚜렷한 개성 덕분에 우리 마음 속 자리 일부를 그들에게 내주는 것이다.

어떤 이미지를 떠올렸을 때 사내에서 첫 번째로 당신이 거론된다면 개인 브랜드는 성공한 것이다.

3) 스토리의 주인공이 될 것인가 감독이 될 것인가

성공한 CEO나 스타 정치인, 또는 톱클래스의 연예인들에게는 자기만의 스토리가 있다.

고학으로 청소부 일을 하며 대학을 다녔고 평사원에서 시작하여 12년 만에 최고경영자에 오른 입지전적인 스토리. 의학 전공자가 컴퓨터 바이러스 백신 전문가로 우뚝 선 스토리. 13살에 컴퓨터 프로그램을 만들어 돈을 벌었고, 하버드대에 다니다 중퇴하고 컴퓨터 사업을 시작해 갑부가 된 스토리.

이들은 모두 특이하고 극적인 스토리 같지만 사실은 일반적인 이야기일 수도 있다. 1960년대 한국 사람은 누구나 다 가난했고, 전공을 바꾸어 성공한 사람들도 많고, 학교를 중퇴하고 사업에 성공한 사람들도 많다. 그러나 이들은 그것을 극적인 스토리로 사람들에게 각인시켜 성공한 것이다.

국내 역대 대통령 선거에서 당선된 사람과 낙선한 사람을 살펴보면 스토리는 누구나 있지만 단순히 주인공이 되는 사람인가, 아니면 이를 잘 발굴하고 연출시켜 각인시킨 감독이 되느냐에 따라 당락이 결정되었다.

당신 역시 분명 극적이고 재미있는 스토리를 가지고 있다. 그것을 드라마화하라. 극본도 쓰고 연출도 하고 스스로 출연하라.

맥아더는 사진 하나로 스토리를 연출하여 증폭시킨 경험이 있다. 많은 사진 중에서도 가장 유명한 다음 사진은, 맥아더가 레이테 섬에 상륙할 때 상륙정에서 너무 일찍 내려 옷이 젖은 상태로

걸어갈 때의 사진이다. 사실 그는 이때 '왜 이리 먼 곳에 내려주었냐' 며 엄청나게 화를 냈다. 그러나 이 사진이 미국에서 '정말 적극적이고 용감한 장군'이라며 폭발적인 인기를 불러일으키자, 언제 그랬냐는 듯 그 후로는 매번 먼 바다에서부터 바다로 뛰어들었다.

4) 개인브랜딩 가변의 법칙

'OO불변의 법칙'이 항간에 많이 돌아다닌다. 연애 불변의 법칙, 마케팅 불변의 법칙, 브랜딩 불변의 법칙 등등. 하지만 세상은 참 가변적이다. 변하지 않는 것은 없다. 그래서 나(김율도)는 '가변의 법칙'이야말로 이 시대에 유용하리라 생각한다.

현실에서 가변의 법칙을 응용한 사례로는 가변 차선, 가변 전압기, 가변 선로, 홀로그램 등 찾아보면 무수히 많다. 이것을 한마디로 말하면 한때 유행어였던 '그때 그때 달라요'다.

① 네이밍 가변의 법칙

이름은 한 사람의 이미지를 나타낼 때 아주 중요하다.

이름대로 된다는 것도 통계적으로 어느 정도 맞아떨어진다. 그러므로 이름이 놀림감이 되면 심리적으로 위축되어 자신감이 없어진다. 이것은 불변의 법칙이다.

하지만 가변의 법칙으로 보면, 친근감을 주고 재미있는 사람으로 포지셔닝하기 위해서는 때로 놀림감이 되는 이름도 좋다.

김구라, 황봉알, 노숙자, 양배추, 오재미, 원시인 같은 이름에서는 능력 있는 직장인을 떠올리지 못한다. 하지만 가변의 법칙을 적용하면 웃기는 이름이 좋을 수 있다.

내(김율도)가 아는 자동차 영업 사원이 새로 만들어 사용하는 이름은 '원시인'이다. 성이 '원'씨인데 종종 '시'를 쓰는 그는, 몸에 털이 많은 점을 이용하여 자신을 '원시인'으로 지칭하였다. 그는 이름에 대한 사연을 말하며 자신을 고객의 머리에 깊이 각인시켰다. 사람들은 그를 재미있는 사람으로 쉽게 기억하였고, 그 덕분인지 그의 영업 실적은 항상 상위권이었다.

개그맨 김구라도 이름 덕을 톡톡히 본 경우이다. 그러나 황봉알과 노숙자는 너무 극단적으로 가서, 그리고 부정적인 느낌이 강해 김구라처럼 성공하지 못했다.

② 최고, 최초의 가변의 법칙

- 불변의 법칙 : 최고가 세상을 지배한다.
- 마케팅 불변의 법칙 : 최고가 되지 말고, 최초가 되어라.
- 김율도의 가변의 법칙 : 최고가 좋을 때가 있고, 최초가 좋을 때도 있고, 2등이 좋을 때도 있다.

어느 분야든 사람들은 최고(1등)를 더 좋아한다. 사실 최고가 세상을 지배하는 것도 맞는 말이다. 이때 잭 트라우트와 알 리스가 저서 〈마케팅 불변의 법칙〉에서 반기를 들었다. 그들에 따르면 경쟁이 치열할 때 최고가 되기 위해 치열하게 싸우는 것은 무의미하다. 그래서 그들은 '최초가 되어라'며 '선도자의 법칙'을 설파했다. 대단한 통찰이고 새로운 대안이었다.

최초의 비행기를 만든 사람인 라이트 형제는 기억하지만, 두 번째는 모르기에 이 말은 유효하다.

어떤 분야에서 경쟁이 치열할 때는 새로운 카테고리를 만들어 최초로 진입하는 것이 브랜드 관점에서의 적절한 전략이다.

하지만 변화무쌍한 시대에 나(김율도)는 잭 트라우트와 알 리스 아저씨에게 반기를 들고자 한다. 가변의 법칙으로 보면 반드시 최초가 좋은 것은 아니다. 최초는 탐험가 정신으로 진취적이지만, 위험 부담이 크다. 그러므로 그때 그때 상황에 따라 다르다.

어떤 일을 최초로 시도했지만 실패한 사례는 무수히 많다. 최초의 상업적인 컴퓨터인 유니박을 개발한 것은 레밍턴 랜드였다. 그러나 상업용 컴퓨터 대명사의 영예는 IBM이 차지했다. 또한 최초의 그래픽 기반 운영체제는 애플이 개발했다. 그러나 IBM이나 MS 등의 후발 주자들은 최초의 1등이 개척해 놓은 길을 안정적으로 따라가며 마케팅을 강화함으로써 부동의 1위로 자리를 잡았다.

또 1등과 확연히 차이가 나고 새로운 대안이 없을 때는 2등을 유지하면서 라이벌 전략을 쓰는 것이 좋을 때가 있다.

예를 들어, 휴대폰 시장 부동의 1위는 애니콜이다. 이때 2위만 확보하면 '애니콜과 사이언', 이렇게 1위와 동반하여 불리는 경우가 많으므로 이것 자체로도 의미가 있는 것이다.

또한 아무리 애를 써도 1위를 넘어서지 못한다면, 2위 자리를 잘 방어함으로써 나름의 역할을 하며 생존할 수 있다. 2인자로서 확실한 차별점만 있다면 그것만으로도 세상은 기억한다.

때로는 2인자가 실세일 때도 있다. 능력 있는 2인자는 1인자를 선택할 수 있고, 1인자의 생각을 조절하기도 했다.

모택동의 2인자 주은래, 조조의 전략가 순욱과 가후, 이성계의 참모 정도전, 유방의 참모 장량과 소하 등은 2인자였지만 주군을 모시고 실세의 역할을 충분히 다했다.

실제로 진로에 대해서 가변의 법칙을 적용할 때 어떤 경우에 어떤 법칙을 따라야 할까?

법학 전공자의 경우 실력이 월등하다면 사법고시를 패스하여 기본 코스를 걷는 것이 불변의 법칙이다. 그러나 실력을 떠나서 의학에도 관심이 있다면 선도자의 법칙을 따라 희귀한 업종인 프로파일러나 법의학 등을 택함으로써 독보적인 존재가 될 수 있다. 또한 사법고시를 자꾸 실패한다면 그것보다는 조금 수월한 법무사 시험을 통해 전문가로 보람을 찾을 수도 있다.

회사에서도 가변의 법칙을 적용하여 유연하게 대처하면 된다.

예를 들면, 영업부에서는 전체 영업실적이 최고인 사람이 대접받는다. 하지만 최고의 실적을 거두지 못한다면 발상을 전환하여 최초로 이색 영업사원이 되는 것이다.

예를 들면 마술하는 영업사원, 장애인 영업사원 등 새로운 카테고리를 만들면 그 카테고리에서 쉽게 최고가 될 수도 있다.

나(김율도)는 다리가 불편한 장애인이지만 직접 업체를 방문하여 영업하고 상담하고 프레젠테이션도 한다.

업체를 방문하다가 계단에서 굴러떨어져 발톱이 빠진 적도 있고, 여러 사람 앞에서 넘어져 망신을 당하기도 했고, 서서 강의를 할 때는 다리가 너무 아파 견디기 힘들 때도 있지만 열심히 하고 있다.

장애인이 직접 영업을 뛰는 경우는 많이 보지 못했는데 이처럼 단점도 때로는 자신의 힘이 될 수 있다는 가변의 법칙을 나는 믿는다. 질투가 때로는 힘이 되듯이.

성공방법도 상황에 따라 바꿔라

어떤 업무를 성공적으로 수행한 경우 그때 사용했던 방법은 당신의 경쟁력이 된다. 그러나 이 방법에 지나치게 의존하면 그것이 오히려 독이 되어 돌아올 가능성도 없지 않다.

페르디낭 드 레셉스는 10년 만에 수에즈 운하를 개통했다. 자신감에 충만한 레셉스는 파나마 운하도 기획했다. 그런데 평야에 삽질만 하면 됐던 수에즈와는 달리 파나마는 산을 뚫고 갑문을 설치해야 했다. '다른 환경'을 인정하지 못한 레셉스는 계속 수에즈에서 하던 방식을 밀어붙였다. 그의 회사는 10년 만에 파산했다.

우리나라 전쟁사에서도 비슷한 예를 찾을 수 있다. 외세가 침입했을 때 우리나라의 기본 전략은 청야작전이었다. 즉 평소 산성에 충분한 식량을 비축해둔 후 적이 쳐들어오면, 마을에 있는 식량을 모두 없애고 마을 사람들을 산성으로 옮겨 적이 제풀에 지쳐 돌아갈 때까지 농성하다가 배후를 습격하는 작전이다.

이 방법은 매우 효과적이었다. 고구려는 이 작전으로 수나라를 물리쳤고, 고려는 39년간 성공적으로 몽고와 싸웠다. 그런데 그것도 한 두 번이지 수백 년을 같은 식으로 싸운다는 것을 외세가 알아차리지 못할 이유가 있을까?

병자호란 때도 역시 평안도 사람들은 청야작전을 전개했다. 그런데 사람들이 큰 길에서 사라진 덕분에 진격로가 깨끗이 비워졌다! 기병으로 구성된 청나라 선봉부대는 의주에서 달려온 조선군 파발과 거의 동시에 한양에 쇄도했다. 이로써 강화도로 도망갈 시간을 잃어버린 조선 조정은 임시방편으로 남한산성에 들어갔다가 식량이 떨어져 항복하고 말았다.

4장. 회사 특유의 에티켓만 지켜도 인기가 높아진다

1) 유치원에서 배운 것들을 잊지 말자

① 인사를 잘하면 나를 높이는 것이다

인사가 왜 중요한지 진화, 전쟁심리학적으로 살펴보자.

처음 만나서 하는 악수의 의미는 '무기를 가지고 있지 않다' 는 뜻이고, 서양 식탁에서 두 손을 테이블 위에 올린 것도 같은 의미였다. 그래서 인사를 제대로 하지 않으면 공동체의 질서를 깨려는 의도가 있을지 모른다는 의심을 품게 되는 것이다.

인사를 하면 나를 높이는 것이다. 이건 또 무슨 소리냐? 인사를 잘 하면 모든 사람들이 나를 좋게 생각하고 나를 추대하여 나는 저절로 높아지는 것이다. 그러한 인사를 습관처럼, 평소에 생활화하면 어느새 인기가 높아지고 인생이 달라지는 것을 느낄 것이다.

미국의 대통령 루즈벨트가 인사를 잘해서 3선까지 했다는 일화는 유명하다. 루즈벨트는 인사가 몸에 밴 사람인데 백악관에 입성해서도 누구에게나 인사를 했다. 심지어 청소하는 사람들에게도 인사를 하여 대통령을 3번이나 했다고 한다.

인사 잘하는 사람이 일도 잘한다는 조사결과가 있다. 이 말은 다른 업종도 마찬가지겠지만 기자 세계를 예를 들어보겠다.

베테랑 기자는 특종을 잡으려고 혈안이 되어 매달리지 않는다. 평소에 꾸준히 취재원이나 정보원에게 안부 전화하고 일상적인 인사만 나눌 뿐이다. 자기의 존재만 확인 시켜주면서 지속적인 관계를 유지해 오는 것이다. 그러면 언젠가는 당사자가 먼저 그 기자에게 전화를 걸어온다.

참 이상하다. 인사 잘 하는 것 하나만으로도 다른 약점을 커버할 수 있다니. 일을 좀 못해도 인사성이 밝으면 이렇게 칭찬한다. '그 친구 인사성 하나는 밝아'. 이 말은 다른 것은 부족해도 인사성 하나로 부족한 점이 커버된다는 뜻이다. 만약 다른 점이 부족하다면 인사라도 잘하자. 인사의 힘은 대단하다.

② 감사하는 마음은 사람을 얻는다

내가 상대방에게 감사라는 좋은 기운을 주면 심리적으로 상대방도 내게 보답하려는 욕구를 가진다. 말로 하든 간단한 선물로 하든 감사는 나에게 2배를 되돌려 준다. 사람들은 어떤 것을 받으면 보답하려는 심리가 있기 때문이다.

감사를 말로 하기 낯간지럽다면 이메일이나 문자 메시지, 편지 등을 통해서라도 반드시 전달하면 좋다.

감사편지를 쓰면 행복해진다는 연구도 있다. 솔직하게 자신의 마음을 나타내면 우울증이 감소되고 만족감이 생긴다는 것이다. 휘발성이 강한 인터넷 시대인 요즘, 오래 남는 종이에 글을 쓰면 색다른 감동이 전달되고 상대는 나를 더 좋아할 것이다.

③ 사과는 타이밍이 중요하다.

사과에는 '타이밍'이라는 기술이 필요하다. 감사는 고마운 일을 받는 즉시 해주는 것이 좋지만, 사과는 꼭 그렇지만은 않다. 사과를 할 때는 즉시 해야 좋을 때가 있는가하면 조금 기다렸다 하는 편이 더 좋을 때도 있다.

심리학자 신시아 맥퍼슨 프란츠와 코트니 베니그손이 2005년에 발표한 '사과의 타이밍이 사과의 효율성에 미치는 영향' 이라는 논문이 그 원리를 잘 설명해준다.[42)]

간단한 실수나 순간적인 다툼은 즉시 사과하는 것이 좋다. 반면 중대한 문제는 상대가 충분히 불만을 토로하고 안정되도록 배려해준 후에 진실되게 사과하는 편이 오히려 낫다. 무조건 사과부터 하면 상대방 입장에서는 '서둘러 사건을 무마하려 한다' 는 인상을 받기 쉽기 때문이다.

회사 간 클레임 건 같은 공적인 문제에서도 하급자가 함부로 사과해서는 안 된다. 그 한 마디 때문에 우리 회사가 책임을 인정하는 형국이 되어 클레임 액수가 배가될 수 있기 때문이다. 그런 문제는 상사에게 넘겨서 지시를 받는 편이 좋다.

진정한 리더라면 상급자일지라도 하급자에게 잘못을 솔직하게 인정하고 사과할 줄 알아야 한다.

부하 직원에게 사과를 한다고 상사의 권위나 체면이 손상되지는 않는다. 상사의 진심어린 사과는 부하 직원들로 하여금 상사를

42) Frantz, C. M.; Bennigson, C. Journal of Experimental Social Psychology. 2005, 41, 201-207

더욱 인간적으로 존경하고 따르도록 만든다.

그리고 말 뿐인 사과는 불신을 초래, 증폭시키므로 사과를 했으면 행동도 바뀌어야 한다.

미국 남북전쟁 중 가장 큰 전투였던 게티즈버그 전투에서 남군이 패배했을 때 그 잘못은 일선 지휘관들의 그릇된 판단에 있었다. 그들이 모두 서로를 비난하며 아무도 과오를 인정하지 않으려고 할 때, 총사령관 로버트 리 장군이 이렇게 말했다.

"모두 내 잘못이다. 제군들은 아무런 잘못이 없다."

병사들은 눈물을 흘리며 그 후 리를 신앙에 가깝게 추종했다.

④ 칭찬의 기술로 효과를 증폭시켜라

칭찬이 좋다고 무조건 하면 안된다. 칭찬도 잘해야 그 효과를 제대로 볼 수 있다. 여기서는 칭찬의 테크닉을 전달하고자 한다 .

칭찬이 좋다고 사소한 일에 칭찬을 너무 남발하지 말라. 그러면 진짜 칭찬할 때 효과가 감소된다. 그리고 장기적으로는 잦은 칭찬이 부정적 효과가 나타난다. 자신은 칭찬받을 만큼 잘하니까 노력을 덜 한다는 것이다. 또 과도한 칭찬은 부담을 느끼게 되어 실력을 발휘하기가 어려워진다.

또 그 사람의 재능이나 머리, 결과를 칭찬하지 말고 노력하는 과정을 칭찬하라. 그래야 나태해지지 않고 더욱 노력을 하여 더 큰 성장을 할 수 있다.

즉, '이번 달에도 1등이야, 당신은 영업 천재야!' 이렇게 칭찬하지 말고 '이번 달에도 수고많이 했어.'라고 칭찬하라.

또 칭찬은 꼭 윗사람이 아랫사람에게 하는 것은 아니다. 아랫사람도 얼마든지 윗사람과 동료들을 칭찬할 수 있다. 특히 상사들은 칭찬에 굶주린다.

2) 오래 전부터 외모도 전략이었다

우리 속담에는 '보기 좋은 떡이 먹기도 좋다'고 했는데 한쪽에서는 외모지상주의가 판친다고 비판의 소리가 높다. 도대체 어느 장단에 춤을 춰야 하나?

한 가지 분명한 것은 아무리 부정하려고 해서 우리는 눈에 보이는대로 판단한다는 사실이다. 외모지상주의를 찬양하는 것은 아니지만 그렇다고 포장을 소홀히 할 수는 없다.

여러 조사에서 평균 95% 이상이 '외모는 권력'이라고 생각한다고 답했다. 미국의 경제학 교수인 대니얼 하머메쉬와 제프 비들 교수는 외모가 뛰어난 사람이 더 높은 수입을 올린다는 사실을 연구를 통해 입증했다.[43]

그 내용 중 우리의 예상을 깨는 것은 여성보다 남성에게서 이것이 더 확연하게 나타났다는 것이다. 미국 풀타임 근로자들은 외모

---

43) Biddle, J.; Hamermesh, D. *The American Economic Review*, 1994, *84(5)*, 1174-1194. Biddle, J.; Hamermesh, D. *Journal of Labor Economics*, 1998, *16(1)*, 172-201

에 따라 임금차이가 남자가 여자보다 30% 정도 더 났다. 또한 모든 직업을 망라하고 외모는 보수에 영향을 미쳤다. 지성의 상징인 대학교수나 법조인도 예외는 아니었다. 외모가 매력적인 교수일수록 학생들로부터 우수한 강의 평가 점수를 얻었다.

두둥~ 여기서 외모에 자신없는 사람들이 수술없이 극복하는 방법을 알려주겠다. 바로 영화처럼 반전 효과를 노리는 것이다.

예를 들어 외모는 머슴형인데 대화를 나눠보니 박학다식하고 클래식, 재즈, 일반상식 등이 풍부하여 머리는 지적인 귀족형이라면 의외의 호기심이 생겨 더 사귀어 보고싶은 마음이 생긴다.

그렇게 해서 탄생한 연예인 커플이 누군지 알겠지.

또 외모는 문화의 차이에 따라 다르게 인식하므로 이를 적절히 활용하면 좋다. 예를 들면 대머리는 한국에서는 속알머리, 주변머리 없다며 비호감이지만 외국 여자 입장에서는 섹시하고 매력적(축구선수 지단, 브루스 윌리스)으로 비쳐지니 외국 여자를 주로 만나면 되는 것이다.

한편 직장인들이 가장 싫어하는 사무실에서의 여성 복장은 아주 짧은 미니스커트였다. 거리에서는 남자들이 저절로 눈길이 돌아가는 미니스커트를 회사 내에서는 왜 싫어하는 것일까?

원시인의 사냥을 생각해 보면 쉽게 이해가 될 것이다. 집중해서 사냥해야 하는 중요한 순간에 갑자기 옷을 벗은 여성이 나타나면 성욕이 이는 것이 아니라 짜증만 솟구친다. 여성이 사무실에서 과도한 성적 매력을 발산하면 인기를 끌기는 커녕 때와 장소를 못 가리는 사람으로 낙인찍힐 것이다.

남성의 경우에는 때 끼고 냄새나는 셔츠가 최악으로 꼽혔다.

겉이 뭐가 중요해? 속이 중요하지,라는 위선적인 말은 하지 말기 바란다. 외모도 중요하며 외모로 당신이 얻을 수 있는 것을 얻을 수 있고 추구하는 이미지를 만들 수 있다.

마지막으로 중요한 팁을 알려주겠다. 탈무드에서는 나보다 나은 친구를 사귀라고 했지만 외모에 관해서는 나보다 못생긴 사람과 같이 다녀야 내가 더 살아나는 법이다.

복장으로 성공적인 영업을 하는 방법

영업맨은 복장으로 상대의 기를 죽일 수도 있고, 분위기를 부드럽게 완화시켜 성공적인 수주를 이루어낼 수도 있다.

해외 영업을 하는 사람이 복장으로 성공적인 수주를 딴 이야기에서는 배울 점이 많다.

예를 들어 아랍권 사람과 만날 때는 아랍 전통 복장을, 중국사람이나 동남아시아 사람과 만날 때는 그 나라 사람의 복장을 입고 세일즈 장에 나오는 것이다.

이를 통해 이 사람이 자기나라에 깊은 관심이 있다는 의미를 전달받고 감동 받으니 그에게 호감이 가고 성사가 잘 될 것이다.

주의할 점이 한 가지 더 있다. 이러한 행동을 일시적인 전술로 생각하여 한 번의 이벤트로만 끝내면 그 관계도 단기적인 관계로 끝난다. 하지만 진실로 상대방을 이해하고 그 태도를 계속 유지하면 상대방과는 지속적으로 좋은 관계를 유지할 수 있다.

5장. 공과 사의 구별은 뜨거운 감자

공과 사의 구분은 서양보다 동양이 약하다. 사내 연애를 해도 그것은 사생활이니 상관없다는 서양과는 달리 동양에서는 큰 관심을 가지고 입방아를 찧고 공적인 업무와도 연관을 짓는다.

그리고 동양의 기업에서는 '그 놈의 정 때문에' 공과 사의 개념이 애매한 경우가 많다는 것은 두 말하면 입 아프다. 상사가 개인적인 심부름(경조사 관리 등)을 시킬 때 어떻게 해야할까. 유대관계를 생각하면 심부름을 해야 하고 공사를 구별하려면 하지 말아야 하는데 참 애매하다. 이처럼 업무 지시에서 공사의 구별이 안 되니 회사의 물건을 자연스럽게 개인의 물건처럼 쓰는 것을 어찌 탓하랴.

회사 직원이 자신의 업무와 관련하여 발명, 고안한 '직무발명'의 경우는 문제는 더욱 뜨거운 감자이다. 최근 '직무발명'에 대해 중요성이 높아졌고 민사소송 사례가 많아졌다.

삼성 애니콜의 한글 모음 입력 방식을 천(ㆍ), 지(ㅡ), 인(ㅣ) 세 개로 해결한 '천지인'의 사례는 유명하다.

1998년 삼성전자가 천지인을 적용한 휴대폰을 생산 판매하면서 보상을 해주지 않자 직무발명자 조모씨는 거액의 소송을 제기했다. 6년 동안 지리한 공방을 하며 한 때 조모씨가 승소를 하여 900

억원의 보상금을 받을 수도 있었으나 1승 1패를 기록한 상태에서 끝내 소송을 취하, 합의했지만 자세한 내용은 공개되지 않았다.

2004년 직무발명 보상제도를 처음 도입한 SK(주)는 이익의 5%를 포상하는 등 점차 인식은 개선되고 있다. 요즘은 적절한 보상이 산업스파이를 막는 길이라는 생각에 적극 보상을 해주는 추세이다.

회사가 직무발명과 관련해 어떤 권리를 가지려면 사전에 '발명자로부터 권리를 승계한다'는 근무규정이나 계약을 맺어야 한다. 그렇지 않으면 회사는 무상의 '통상실시권'[44]만 가지게 되어 권리가 제한된다.

근로계약서나 근무 규정집에는 직무발명에 대한 내용이 명시되어 있다. '특허 출원시 얼마, 특허 등록시 얼마, 특허가 이익을 내면 이익금의 몇 %' 이런 식이다. 그런 내용이 없더라도 직무발명에 대한 보상 규정은 강행 규정이라 개인의 권리는 인정된다.

회사가 근로계약서에 '지적재산권을 받을 권리'를 자동 승계하도록 정해놓았더라도 그 보상의 정도가 비합리적으로 부족할 경우에는 회사가 추가로 보상하도록 한 법원의 판례가 있다. 이런 사례를 잘 알고 일방적으로 희생당하지 않도록 주의하자.

반대로 발명과 관련하여 합리적이고 적절한 보상을 받은 경우에는 그 발명을 들고 이직해서는 안 된다. 그 경우에는 기술 유출이 되어 민형사상의 책임을 져야 한다.

---

44) 통상실시권이란 '특허발명이나 등록실용신안, 등록의장 따위의 권리를 행사할 때는 권리자의 허락을 받아야 하고, 법률의 규정 및 설정에 의하여 정하여진 시간적, 장소적, 내용적 제약의 범위에서 실시해야 한다'는 것이다.

■ 생각해보기

좋은 회사와 나쁜 회사

좋은 회사의 가장 중요한 조건은 다음 세 가지다.

1. 직원을 '사람' 으로서 대하는 회사
2. 기업 문화가 있는 회사
3. 이직율이 낮고 비전을 제시하는 회사

1999년 〈포춘〉지가 '일하기 좋은 100대 회사' 를 발표했는데, 1등을 차지한 회사는 시노부스 파이낸셜이라는 미국인들에게도 생소한 회사였다. 이 회사는 '가슴이 있는 직장 문화' 를 최우선 가치로 삼은 회사였다.

직원을 소모품이 아니라 사람으로서 대하는 회사가 좋은 회사다. 그 회사의 연봉과 복지 혜택, 업무 환경 등이 최고 수준이 아닐 수도 있지만, 그 회사는 직원을 사람답게 대하려고 노력한다. 회사 사정이 어려워서 여러 가지 혜택을 줄일 때 직원들이 기꺼이 동참하는 회사는 틀림없이 좋은 회사다.

또 회사에는 특유의 문화가 있어야 한다. 기업에서 일하는 철학이 곧 기업문화인데 여기에는 업무문화 이외에도 놀이문화, 여가문화, 창조문화 등이 속한다.

창조성을 위해 어떤 배려를 해야 하는지, 잘 노는 것이 얼마나 업무의 효율을 올리는지, 그리고 일하는 시간이 중요한 것이 아니라 일하는 질이 중요하다는 것을 아는 회사가 좋은 회사다.

또한 이직률이 낮다는 것은 어떤 면에서든 다른 회사보다 좋다는 뜻이다. 직원이 자주 바뀌는 회사는 좋은 회사가 아니니 그런 회사에 다니는 데 대해서는 깊이 생각해야 한다.

진로,
순간의 결정이
30년을 좌우한다

1장. 부서 이동을 두려워하지 말라

어떤 사람들은 한 부서에서 쭉 성장하겠다는 생각을 하기도 하는데, 이는 안정적이지만 언젠가 한계에 부딪치게 된다. 기업체 연구소에서 연구소장 정도의 위치에 있다가 대학 교수로 많이 이직하는 것도 비슷한 맥락일 것이다.

예전에 나(윤경환)는 지도교수를 따라 부사장, 중앙기술원장과 함께 저녁 식사를 한 적이 있었다. 그때 이 업무의 고수들은 승진에 대해 다음과 같은 생각을 공유하고 있었다.

"우수한 직원은 공장, 연구소, 기획실 등을 두루 거치며 새로운 난제를 극복하는 법을 배워야 한다."

회사는 가끔 우수한 직원을 몰락한 부서로 보내는 등 보통 직원의 상식으로는 이해하기 힘든 인사발령을 내리기도 한다.

하지만 전혀 이상할 것이 없다. 최고로 좋은 부서만 골라 다니는 직원은 고난을 극복하는 법을 배울 기회를 얻지 못한다. 회사는 그런 온실 속의 화초를 원하지 않는다. 회사는 순환근무를 통해 그가 어떤 고난도 이겨낼 유능한 관리자로 성장하기를 바라고 있기 때문이다. 허나 회사의 이런 조치를 이해하지 못하는 사람들은, 회사가 자신을 푸대접한다며 퇴사를 감행하기도 하니 참으로 안타까운 일이다.

<u>어느 설문에서 회사 간부들이 가장 좋아하는 부하직원의 유형에서도 '맡겨진 일이 작은 일이라도 열심히 하는 부하'가 단연 압도적으로(71.8%)로 1위를 차지하였다.</u>

세계 4위 항공사인 노스웨스트 항공의 하태우 한국지사장의 일화를 들어보자.

그는 한국에서 대학교를 다니다가 단돈 100달러를 들고 도미했다. 그가 처음 구한 직장은 시급 5달러짜리 창고 관리직이었다. 대학교까지 다니던 사람이 그런 일을 하게 되었으니 기분이 어떠했는지 짐작할 수 있을 것이다.

그러나 하태우 지사장이 업무에 임한 자세는 보통 사람과 달랐다. 그는 기왕 하는 것이면 아주 잘하겠다고 마음먹고 창고에서 가장 박스를 잘 싸는 사람이 된 것이다. 이어 그는 시간이 날 때마다 제품의 크기를 데이터베이스화함으로써 업무 효율을 극대화했고, 그 공을 인정받아 단 6개월 만에 창고관리 과장으로 특진했다.[45]

비슷한 예는 전쟁사에서도 찾을 수 있다. 우리나라를 침략한 도요토미 히데요시의 인생을 통해 말뚝 박기의 비결을 배워보자.

찢어지게 가난한 농민 출신인 도요토미 히데요시는 7살 때 부친을 여의고 사찰, 대장간, 병영을 전전하며 불량스러운 청소년기를 보냈다. 다만 그는 항상 생글생글 웃는 얼굴로 많은 친구를 사귀었다.

23살(당시에는 16살이면 성인이었음)의 겨울이 되어서야 히데요시

---

45) 〈나의 꿈은 글로벌 CEO〉(조선일보사, 2004)

도요토미 히데요시

는 오다 노부나가의 말단 하인으로 취직했다. 그의 주업무는 노부나가가의 짚신을 훔쳐가지 않는지 지켜보는 짚신 관리였다. 다른 관리인들과는 달리 그는 짚신을 품에 넣어 항상 짚신을 따뜻하게 만들어두었다. 자연히 노부나가는 그를 짚신 관리자의 우두머리로 승격시켰고, 그 후 마구간지기로 보직 변경시켰다.

물론 히데요시는 말을 잘 키웠지만 그런 잡일로는 평생 출세할 수 없다는 사실을 알고 있었다. 그래서 그는 1560년 노부나가의 운명을 건 오케하자마 전투가 벌어지자 병사들보다 더 빨리 창을 들고 뛰쳐나가 노부나가의 인정을 받았다. 곧 그는 분대장으로 승진했고 중대장을 거쳐 장수의 반열에 올랐다.

이 당시 장수들은 전장에서 공을 세우는 것만을 승진 방법으로 여겼다. 하지만 히데요시는 달랐다. 어차피 그는 칼싸움도 잘 못했고 병법도 잘 몰랐다. 따라서 그가 선택한 방법은 다른 장수들이 기피하지만 확실히 노부나가의 주목을 끌 수 있는 임무였다.

히데요시는 간첩으로 이웃 나라(조선)에 침투했고, 필요하면 인질을 자처했다. 또 대장간에서 일한 경험을 살려 방어 성채 건설에 일가견을 발휘했고, 선봉에 서지만 않고 노부나가 군이 후퇴할 때 후미 방어도 자

청했다.46)

마침내 히데요시는 노부나가에게 종군한지 15년만인 38세에 단바의 영주로 임명되었다. 말하자면 잡부로 입사한지 15년 만에 계열사 사장이 된 것이다. 그는 노부나가가 아케치 미쓰히데의 반란으로 죽었을 때 가장 먼저 아케치를 타도하고 노부나가의 후계자로 등극했다.

탑 경영건설팅의 고강식 사장이 CEO의 첫번째 요건으로 든 것도 히데요시의 경우와 비슷하다.

그에 따르면 CEO를 희망하는 사람은 현재 근무하는 직장에서 가장 어렵고 힘든 일을 경험해 보아야 한다. 즉 남들이 하기 싫어하는 일이나 성과를 내기 힘든 일에서 좋은 성과를 거두어야 더 두각을 드러낼 수 있다는 것이다.47)

따라서 당신도 회사에 '말뚝을 박겠다'고 결심했으면 부서 이동을 두려워해서는 안 된다. 아니, 힘든 부서일수록 자청해서 가는 용기를 보여주어야 한다.

---

46) 후미 방어는 무척 위험하다. 아군은 다 도망갔는데 적들은 기세 높게 몰려온다. 이때 후미 방어자는 아군이 방어 진지를 구축할 때까지 그 많은 적들과 싸우며 시간을 벌어야 한다. 그래서 장수들은 큰 명예를 얻을 수 있는 선봉은 서로 다투면서도 후미 방어는 서로 눈치만 보곤 했다.

47) 〈나의 꿈은 글로벌 CEO〉(조선일보사, 2004)

2장. 이직 - 잘하면 약, 못하면 독

외환위기 이후 평생직장의 개념은 사라졌고 덩달아 이직률이 높아졌다. 어떤 책은 이직을 통해서 몸값을 올릴 수 있다고 하고, 또 어떤 책은 이직을 할 때마다 몸값이 떨어진다고 한다. 내(윤경환)가 경험한 바는 다음 두 가지다.

첫째, 작은 회사에서 큰 회사로 이직하는 것은 쉽지 않다. 사실 면접관들은 작은 회사에 있다가 입사를 지원한 사람에게는 '왜 능력 있다더니 작은 회사에 있었을까' 라는 선입견을 가지기 마련이다. 하지만 그 어려운 관문을 뚫으면 분명 몸값은 올라간다.

둘째, 한국에서 이직은 자주 할수록 어렵다. 늘 이동하는 유목민의 정서가 깃든 서양 기업에는 평생직장이라는 개념이 희박하다. 하지만 농토를 기반으로 한 곳에서 오랫동안 사는 정착민인 우리의 정서에는 자주 옮기는 것에 대한 원초적인 거부반응이 있다. 여행을 좋아하는 사람에게 '역마살이 끼었다' 라고 말하는 것만 보아도 알 수 있다. 그러니 한국에서 이직은 그 어떤 것보다도 신중하게 생각해야 한다.

직장인의 40% 정도는 이직을 생각하고 있지만, 이직자의 80%는 후회한다고 고백한다.

이 40%라는 숫자는 무엇을 말하는가?

첫째, '남의 떡이 커 보인다' 라고 해석할 수 있다. 이것은 마치 막히는 도로에서 내 차선만 느리고 옆 차선은 빨라 보이는 착각과도 같다. 사실 차선을 옮기면 그 차선이 막히고 다시 옆 차선이 빠른 것 같은 착시 현상이 일어난다. 하지만 실제로는 같다.

둘째, 직장에서의 탈출구로써 이직을 택했기 때문이다. 난관을 개선하려는 노력은 충분히 하지 않고, 절이 싫으면 중이 떠난다는 식으로 쉽게 생각하면 계속 떠돌아만 다니는 중이 된다.

셋째, 년차가 올라갈수록 뭔가 변화를 주긴 해야겠는데, 이직이 가장 가시적인 변화이기 때문에 이직을 택하는 것이다.

넷째, 여기다가 헤드헌트 회사들이 시장의 활성화를 위한 마케팅의 일환으로써 이직을 부추기는 것도 한 몫 하지 않을까. 이직하는 사람이 없으면 헤드헌트 회사는 문을 닫아야 하기 때문이다.

가장 이직이 많은 직급은 차장급인데 차장이 진로의 갈림길이기 때문이다. 경쟁이 치열한 대기업 부장이나 임원되기가 결코 쉽지 않은 상황에서 파격적인 조건으로 중소기업에서 손짓하면 돌파구가 되기 때문이다.

결론은, 당장 달콤함에 취해 불안한 미래를 선택하지 말고 당장은 미진하더라도 미래의 안정을 택하라.

1) 연봉과 행복 두가지를 다 얻는 방법

항간에 연봉은 스트레스에 비례한다는 말이 있는데, 이는 모두에게 적용되는 것은 아니다. 그 직업이 자기에게 맞으면 결코 스트레스가 아니다.

20세기 독일을 대표하는 작곡가 리하르트 슈트라우스는 신통치 않은 작곡가였던 한스 피츠너의 다음과 같은 푸념을 들은 적이 있다.

"작곡에 대한 스트레스가 너무 커서 정신적으로 힘들다."

작곡을 즐기는 슈트라우스는 한 마디로 비웃었다.

"그렇게 힘들다면서 왜 작곡을 하는 거야?"

마찬가지로 영업하는 사람이 밤에 전화가 걸려온다고 괴로워한다면 그는 직업의식이 없는 것이다. 그가 애초 사람들을 싫어하는 스타일이기에 영업직에 안 맞는 것이지, 영업직 자체가 스트레스인 것은 아니라는 얘기다. 영업직에서도 연봉이 높은 사람은 사람들을 좋아하고, 언제 어디서나 고객을 맞을 준비, 즉 일을 즐길 준비가 되어 있는 사람이다.

연봉과 행복 두 가지를 함께 얻는 방법은 자신에게 맞는 직업을 찾아서 그 직업을 즐기는 것이다. 아무리 연봉이 높아도 그 직업이 자신과 맞지 않으면 행복할 수 없다.

2) 이직 사유를 잘 설명하라

많은 사람들이 직장 3년, 6년, 10년차에 많이 이직하는 걸로 조사되었다. 3년 동안 일을 배울 만큼 배웠으니 자신에게 맞는 회사를 찾아간다고 한다. 이 말의 본질을 생물학적으로 해석하면 3년은 애착과 사랑의 호르몬이 끊기는 권태기가 오는 시기이기 때문에 이직을 많이 하고 이혼율도 3년 안에 높은 것이다.[48]

첫 이직 과정에서 단추를 잘못 꿰면 두 번, 세 번 이직해야 하고 그때마다 몸값이 떨어진다. 그러므로 첫 이직은 첫 입사처럼 중요하다.

경력직 면접에는 신입 면접과는 결정적으로 다른 질문이 한 가지 있다. 바로 '퇴직 사유'다.

면접관은 퇴직 사유를 통해 구직자를 단적으로 판단하는 경향이 있다. 회사가 부도나서 어쩔 수 없이 직장을 잃었는지, 아니면 적성이 안 맞아서 퇴사했는지, 그냥 인성이 안 좋아서 내쫓긴 것인지, 혹은 더 큰 꿈을 가지고 나왔는지… 아무튼 퇴사한 이유가 무엇인지에 따라 그 사람의 성격이나 전체적인 정황을 파악할 수 있기 때문이다.

이때 서투른 거짓말을 하거나 대충 둘러대서는 안 된다. 면접관은 수백, 수천 명을 면접한 면접의 달인이다. 설사 거짓말이 통했다하더라도 입사 후 거짓말이 들통 나면 그것은 입사 취소 사유가 된다.

내(윤경환)가 이직했을 때에도 가장 어려운 질문은 '왜 퇴사했나?' 라는 질문이었다. 다행히 나(윤경환)는 회사에 문제가 있어서 어쩔 수 없이 퇴사한 경우이므로 기죽을 필요는 없었다.

---

48) 미국 코넬 대학 심리학과 신시아 하잔 교수는 전 세계 5천여 명의 사랑을 조사한 결과, 연애 30개월이 지나면 도파민 분비가 바닥나서 권태기에 빠진다고 말했다.

이렇게 만일 회사의 원인제공으로 인한 이직이 잦았다면, 이력서도 조금은 기술적으로 작성해야 한다고 많은 이들이 조언하는데 이는 맞는 말이다. 가장 길게 일한 회사 1~2개 정도만 쓰고 나머지는 프로젝트 중심으로 쓰라는 것이다. 운이 없어서 이직한 것까지 자신의 책임으로 떠안고 갈 필요는 없기 때문이다.

그리고 잦은 이직의 단점을 뛰어넘기 위해서는 다른 능력을 객관적으로 입증하거나 획기적인 기획 혹은 아이디어를 '제안'하는 것이 좋다.

3) 면접관은 모든 것을 알고 있다

면접을 볼 때 어떻게 당신의 우월성을 과시할 것인가?

애사심, 인성, 능력, 열정, 이 네 가지를 검토해보자.

면접관들은 당신이 새로운 회사에 어느 정도의 애사심을 가졌는지는 알지 못한다. 그래서 면접관은 당신의 인성으로부터 당신 미래의 애사심을 유추한다.

예를 들어 '성격의 장단점을 말해보세요'라는 질문을 통해 인성을 간접적으로 알아내고 또 동시에 지원하는 직무와 맞는지 알아보기도 한다.

대부분의 인사담당자들은 평판 조회를 통해 그 사람의 인성을 파악한다. 그들은 전 직장의 상사나 후배들로부터 당신의 정보를 얻는다(동료들은 대부분 좋은 말을 하므로 동료에게 물어보지는 않는다).

평판조회를 많이 하는 직급의 순서는 과장급, 임원급이상, 그 다음이 부장급 순으로 알려졌다.

과장급은 관리능력이 필요한 첫 번째 승진순서이기에 특히 많은 조회가 이루어지고, 평판이 채용에 미치는 영향에 있어서도 대부분의 경우 평가점수에 반영된다.

평판조회를 많이 하는 직급

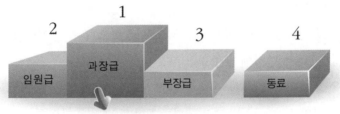

리더십이 필요한 첫 번째 승진순서

가장 많이 평판조회를 하는 직무는 재무, 회계, 경리이다. 그 다음에는 영업, 판매, 영업관리, 그리고 경영기획, 인사 순이다.

평판 조회에 대비하여, 퇴사 시 인수인계 등을 철저히 하여 나쁜 소문이 돌지 않도록 해야 한다.

상당수 직장인들은 퇴사할 때 그 동안 쌓아둔 휴가를 몽땅 써서 퇴사일을 늦춤으로써 더 많은 퇴직금을 챙긴다. 또 회사와 트러블이 있어 나가는 직원은 인수인계를 제대로 하지 않아서 다음 사람들에게 폐를 끼친다. 본인은 기분이 좋을지 모르지만 남은 사람들은 그에 대해 나쁜 인상을 받는다. 그 인상은 쉽게 지워지지 않고 오래 동안 남아 있어 평판 조회에서 좋은 평가를 받을 리 없다.

경력 이직은 대체로 수시 채용의 형식으로 이루어진다. 이 수시 채용에는 이직할 회사의 내부인에 의한 추천이 큰 역할을 한다. 따라서 평소 회사 대내외적인 대인관계를 중요하게 생각하고, 정보 교환 및 인맥 형성에도 힘을 기울이자.

삼국지를 보아도 알겠지만, 유비는 서서의 소개로 제갈공명을 얻었고, 제갈공명과 노숙의 소개로 방통을 얻었다. 이러한 공식은 지금도 별반 다르지 않다. 이 점도 경력과 신입의 차이점이다.

능력에 대해 생각해보자.

나(윤경환)는 벤처에서 대기업으로 옮겼으니 쉬운 케이스는 아니었다. 내가 면접에서 주력한 부분은 능력이었다.

우선 벤처를 퇴사한 이유에 대해서, 그 회사는 나의 능력을 더 이상 키워줄 수 없었다고 말했다. 그 다음 과정은 자연히 그 '능력'의 입증이다. 회사입장에서는 경력직 지원자가 기존 사원들과 동등한 실력을 가졌거나 그보다 앞서야 뽑을 마음이 생긴다.

그래서 나(윤경환)는 벤처에서 이룬 성취를 객관적으로 보여주었다. 바로 벤처에 있으면서 게재한 3편의 SCI급 논문이었다. 연구원은 논문과 특허로, 디자이너나 창의적인 분야는 포트폴리오로, 기획자는 사업제안서나 기획안 등의 객관적인 자료로써 능력을 보여주어야 한다.

그 짧은 시간에 강렬한 인상을 심어주기 위해서는 그런 자료를 필수적으로 잘 준비해두어야 한다. 달리 말하면 이직을 생각했다면 그런 준비를 시작하라는 뜻이기도 하다.

능력보다 더 중요한 것은 열정이다.

정말 그 일이 좋고 꼭 이 회사에 입사하려는 의지가 눈빛에 서려있으면 면접관들은 좋아한다. 능력이 있으니 나를 모셔가라는 자만심을 가지고 성의없는 대답을 하는 사람보다 능력은 조금 떨어지더라도 배우겠다는 의지가 있는 사람을 더 좋아한다.

열정이 있으면 자연히 애사심도 생기고 실력이나 능력도 나아지므로 무엇보다 가장 중요한 것은 의지와 열정이다.

삼국지의 모사 가후는 이직의 달인이었다.

가후는 요즘으로 치면 벤처 회사 출신이다. 그가 처음 섬긴 주군은 우보라는 신통찮은 무장이었는데, 이 우보라는 사람은 당시 중국의 서쪽 변방을 지키던 동탁의 사위였다. 그러다 가후에게 벼락출세할 일이 생겼다. 동탁이 중원으로 쳐들어가 정권을 장악한 것이다. 하지만 갑작스런 M&A로 회사가 휘청거리듯이 동탁과 우보도 얼마 지나지 않아 암살당했다.

이때 가후는 동탁의 부하 이각과 곽사를 이용하여 정권을 탈환했다. M&A에 실패해 법정관리에 들어간 회사를 안정시킨 셈이다. 그러나 이각과 곽사는 탐욕스러웠고, 아직 가후는 힘이 없는 과장 정도에 불과했다. 그는 곧 이각과 곽사를 떠났다.

그는 단외라는 미미한 세력가를 거쳐 장수라는 무장의 휘하로 자리를 옮겼다. 이미 큰 회사의 시스템을 경험한 가후가 장수의 세력을 키워주는 것은 어렵지 않았다. 그는 장수에게 출사할 때, 형주의 세력가 유표와 동맹을 맺는 비전을 제시하였고 실제로 안정적인 M&A를 성공시켰다.

이때 조조가 장수를 공격했다. 애초에 병력 차이가 너무 커서 될 싸움이 아니었다. 가후는 일단 항복한 후 조조가 방심한 틈을 타 조조군을 기습했다. 조조는 이 싸움에서 사랑하는 맏아들 조앙을 잃고 후퇴하는 망신을 당했다. 이 덕분에 가후의 몸값이 천정부지로 치솟았음은 두말할 나위가 없겠다.

하지만 역시 조조는 조조. 곧 중원의 정세는 조조와 원소의 패권싸움으로 치달았고, 장수도 그 둘 중 한 명을 선택해야 했다. 이때 가후는 장수에게 조조와 손잡을 것을 제안했다.

"세력이 강한 원소에게 가면 푸대접 받을 것이 분명하지만, 세력이 약한 조조에게 가면 우대 받을 것이오. 또한 조조가 큰 인물이라면 사사로운 원한을 묻어줄 것이니, 만일 그렇지 않다면 그때 가서 원소와 손잡아도 늦지 않소."

가후의 예상대로 조조는 사사로운 원한을 잊고 장수를 환대했다. 또 조조는 가후의 능력과 명성을 이용할 줄 알았다. 그는 즉시 가후를 집금오(서울시장 겸 수도경비사령관)로 삼고 도정후에 봉한 후 기주의 목(도지사)으로 승진시켰다. 세상 사람들은 천하의 가후가 투항한 조조를 매우 큰 인물이라고 판단했고, 과연 조조는 원소를 무찔러 천하를 손아귀에 넣었다.

그 후 가후는 나라를 안정시키는 데 큰 공을 세웠고, 조조의 아들 조비의 후견인으로 발탁되었다. 그는 신하가 오를 수 있는 최고의 벼슬인 태위에 올라 천수를 누렸다.

가후가 보여준 이직의 비결은 다음 네 가지다.
첫째는 탁월한 능력이다.

그는 동탁 사후 불안정한 정국을 수습했고, 소수의 병력으로 조조의 대군을 무찔렀다. 그리고 장수에게 출사할 때는 유표와의 동맹이라는 비전을 보여주었고, 조조에게 출사할 때는 천하 제패의 비전을 보여주었다.

둘째는 누굴 모시든 충성했다는 점이다.

그는 어리석은 우보를 보좌할 때에도 우보가 죽기 전까지는 그에게 충성했고, 탐욕스러운 이각과 곽사를 보좌할 때에도 그들이 자신을 먼저 해고할 때까지는 충성했다.

셋째는 기존 직원들이 불만을 가지지 않도록 잘 처신했다는 점이다.

그는 벼슬이 태위까지 올랐지만 권문세족과는 혼인을 맺지 않았고 사사로운 교분도 쌓지 않았다. 외부에서 들어온 사람이 권력을 탐하면 절대로 좋은 대접을 받을 수 없다.

또 한 가지 유념할 사실은 이직 후 당신의 내부 인적 네트워크가 무척 축소된다는 점이다. 그러나 절대로 위축되지 말고 충분한 내부 인적 네트워크를 형성하면 이는 당신의 기존 인적 네트워크와 시너지를 일으킬 것이다. 반대로 사람들이 잘 몰라준다고 사무실에 눌러 앉아 당신 부서 사람들과만 알고 지내려 한다면 회사에서 당신의 입지는 그만큼 좁아질 수밖에 없다.

네째는 열정이다.

가후는 이직할 때마다 열정을 다해 노력하여 만족할만한 결과를 이끌어 냈다. 조조를 기습하여 승리하기도 했고 조조의 신하가 되어 나라를 안정시키기 위해 최선의 노력을 다했다.

3장. 퇴사는 타이밍이 중요하다

퇴사 시에 타이밍이 중요하냐고? 당연한 말씀이다.

창업을 하면 첫 번째 고객은 회사에 있던 사람들이다. 그 사람들을 당신의 단골로 삼기 위해서는, 퇴사의 타이밍을 잘 맞추어 좋은 인상을 심어야 한다.

많은 사람들이 회사가 위기에 빠지면 퇴사한다. 개인의 신변을 위해서는 이것이 가장 안전한 선택일 수도 있다. 하지만 당신은 회사와 함께 최후를 맞는다고 해도 그리 손해 보는 것이 아니다 - 단, 그 회사가 그럴만한 가치가 있는 회사일 때.

회사가 망한 경우, 회사에 남은 동료들은 당신을 원망하게 된다. 남아서 같이 싸웠다면 위기를 극복할 수도 있었을 것이기 때문이다. 퇴사/창업 타이밍이 가장 좋은 때는 회사가 위기를 넘긴 후나 회사에 아무 일도 없을 때다.

강태공으로 잘 알려진 태공망 여상이, 주나라 무왕을 도와 천하를 통일하고서 자신의 식읍인 제나라로 돌아가려고 했을 때 일이다. 갑자기 무왕이 요절하여 무왕의 어린 아들이 주나라의 왕이 되었다. 이때 태공망은 나 몰라라 떠나지 않고, 이 어린 왕이 장성할 때까지 훌륭히 보필한 후 제나라로 돌아갔다. 그는 만고의 충신은 물론 무신(武神)으로 추앙되었다.

4장. 이제는 퇴사 면접을 보자

우리나라 회사들은 입사면접에 들이는 공의 10%도 퇴사면접에 들이지 않는다. 아직까지는 회사가 인재를 선택하는 사회라서 그런 모양인데, 인재가 회사를 선택하는 시대가 도래하면 어떻게 될지 모르겠다.

나(윤경환)는 5년 남짓 직장생활 동안 스무 명이 넘는 퇴사자를 보았다. 그러나 그들 누구도 퇴사할 때 심층 면접을 받은 적은 없다. 결국 회사는 인재들이 퇴사하는 이유를 '상상하고' 있을 뿐 직접 물어보지 않았다는 얘기다. 시정 조치가 제대로 나올 리 없다.

2009년 잡코리아가 중소기업을 대상으로 실시한 조사에서 새내기 사원 10명 중 3명이 1년 이내에 퇴사했다고 한다.

이에 대해 회사의 주장은 다음과 같다.

① 인내심과 참을성이 부족해서(50.9%)
② 조직에 적응하지 못해서(46.4%)
③ 직무가 적성에 맞지 않아서(25.5%)
④ 연봉수준이 낮아서(24.5%)
⑤ 상사 · 동료와의 인간관계가 원활하지 않아서(21.8%)

직원들은 다음과 같이 응답했다.

① 직무가 적성에 맞지 않아서(51.8%)

② 연봉수준이 낮아서(40.9%)

③ 조직에 적응하기 어려워서(32.7%)

④ 상사·동료와의 인간관계가 원활하지 않아서(25.5%)

⑤ 다른 기업에 취업해서(25.5%)

회사가 생각하는 퇴직사유 ①, ②, ③, ④, ⑤의 순서는 진짜 퇴직사유에서는 '없음', ③, ①, ②, ④로 바뀌었다.

이렇게 회사의 상상과 직원들의 속마음 사이에는 큰 간극이 있다. 그것이 무엇인지 제대로 파악하여 시정하지 않는 한 시간과 돈은 낭비되고 악순환은 반복될 것이다.

반대로 직장인 자신도 실패 일기를 써야 한다.

왜 그 일을 실패했는가? 왜 그 회사를 나왔는가?

그런 기록을 객관적 입장에서 면밀히 남겨서 검토해야 훗날 자기반성에 도움이 된다. 객관성이 결여된 일방적인 주장은 자신에 대한 신화와 착각만 만들고, 결국은 자신의 역량 파악도 제대로 못하게 만든다. 기록은 언제나 당신의 조언자가 되지만, 기억은 당신의 훼방꾼이 될 수 있다.

이직과 연봉

2009년 〈커리어〉는 1776명의 직장인을 대상으로 조사하여 이 중 31.5% 이직자들의 연봉 변동은 다음과 같았다.

높아졌다: 41.9% (평균 228만원 상승)

그대로다: 32.7%

낮아졌다: 25.4% (평균 279만원 하락)

이 결과를 보면 연봉이 높아지는 경우가 더 많기는 하지만 그 금액은 평균 228만원에 불과했다. 이 금액은 회사에 그대로 있어도 오래지 않아 획득할 수 있다. 오히려 낮아진 경우는 279만원으로 높아진 경우보다 그 차이가 훨씬 컸다. 결국 몸값을 올리기 위해 이직하는 것은 그다지 좋은 방법이 아니다.

그럼 승진은 어떤가? 글쎄... 대기업 대리가 벤처기업 과장으로 갔다는 말은 들어보았어도, 벤처기업 대리가 대기업 과장으로 갔다는 말은 들어본 적이 없다.

승진하여 이직하는 것은 사실상 불가능하다. 그렇지 않아도 회사에는 승진을 기다리는 사람들이 줄을 섰는데, 회사가 잘 알지도 못하는 사람에게 그 자리를 줄 이유는 없다. 그 직원이 정말로 탁월한 역량을 보여 스카우트된 경우를 제외하면 말이다.

그리고 당신이 스카우트되는 것이 아니라면 이직 면접 때 연봉에 대해서는 묻지 마라. 면접관이 가장 싫어하는 질문 중 하나가 연봉에 관한 것이다. 요즘은 여러 사이트에서 각 회사의 연봉을 공개하니 그것을 참조하도록 하자.

이직의 궁극적 목적은 무엇이어야 하는가? 우리는 당신이 좋아하는 일이나 더 비전 있는 일을 찾는 것이라고 생각한다.

추천 참고문헌

원래 이 책은 전쟁 이야기로 가득 차 있었지만, 독자들이 전쟁의 역사에 대해 충분히 알지 못하면 오히려 혼란을 야기할 것 같아 전쟁에 대한 언급을 많이 줄였다.

나(윤경환)는 보다 많은 사람들이 전쟁의 역사에 대해 공부하기를 권한다. 보통 기업과 기업의 싸움을 다룬 책들은 최고 경영자의 이야기들만 언급한다. 하지만 실제로 그 싸움은 경영자들의 싸움이 아니다. 중간 간부와 사원들이 어떻게 싸웠고, 또 그들이 어떻게 한 마음 한 뜻으로 싸웠는지도 경영자의 전략 못지않게 중요하다. 그러나 그런 이야기는 일반적으로 잘 다루어지지 않는다.

반면 전쟁의 역사는 지휘관은 물론 간부와 병사들까지 다룬다. 전략, 병참, 리더십은 물론 인간관계까지도 모두 전쟁사 연구의 대상이다.

하기의 참고문헌들은 이 책을 위해 참고한 것들이다. 이 목록에는 논픽션과 픽션이 섞여 있다. 물론 논픽션이 보다 정확한 참고문헌이지만, 때로는 픽션이 이야기를 더 잘 전달해주기 때문에 픽션도 추가하였음을 밝힌다.

고대 중국 전쟁:
 필보괴, 〈열여덟 명의 간신들〉, 리원길 옮김, 일월서각, 1994
 증선지, 〈십팔사략〉, 소준섭 엮음, 미래사, 1995
 김영수, 김경원, 〈간신열전〉, 선녀와 나무꾼, 1997
 시바 료타로, 〈항우와 유방〉, 양억관 옮김, 달궁, 2002
 김국, 〈흉노 그 잊혀진 이야기〉, 교우사, 2004
 사마천, 〈사기본기〉, 김원중 옮김, 을유문화사, 2005
 크리스 피어스, 〈전쟁으로 보는 중국사〉, 황보종우 옮김, 수막새, 2005
 사마천, 〈사기열전〉, 김영수, 최인욱 옮김, 신원문화사, 2006

고대 유럽 전쟁:
 폴 도허티, 〈알렉산드로스의 음모〉, 한기찬 옮김, 북 메이커, 2001
 도널드 케이건, 〈펠로폰네소스 전쟁사〉, 허승일 옮김, 까치, 2006
 마크 힐리, 〈칸나이 BC216(세계의 전쟁 4)〉, 정은비 옮김, 플래닛미디어, 2007

삼국지:
 진순신, 〈제갈공명〉, 박희준 옮김, 까치, 1991
 진순신, 〈천하의 명장〉, 윤소영 옮김, 솔, 2002
 리동혁, 〈삼국지가 울고 있네〉, 금토, 2003
 사마열인, 〈조조의 면경〉, 홍윤기 옮김, 넥서스BOOKS, 2004
 나관중, 〈본 삼국지〉, 리동혁 옮김, 금토, 2005
 서전무, 〈우리가 정말 알아야 할 삼국지 상식 백가지〉, 정원기 옮김, 현암사, 2005

이나미 리츠코, 〈인물삼국지〉, 김석희 옮김, 작가정신, 2005
김운회, 〈삼국지 바로 읽기〉, 삼인, 2006

칭기즈칸:
잭 웨더포드, 〈칭기스칸, 잠든 유럽을 깨우다〉, 정영목 옮김, 사계절, 2005

십자군 전쟁:
제임스 레스턴, 〈신의 전사들〉, 이현주 옮김, 민음사, 2003

일본 전국시대:
나가오까 게이노스게, 〈오다 노부나가〉, 일본문학연구회, 청송, 1992
쓰모토 요, 〈대몽〉, 임종한 옮김, 매일경제신문사, 1993
이케나미 쇼타로, 〈일본전국을 통일한 3인 영웅전〉, 이성범 옮김, 제이앤씨, 2001
시바 료타로, 〈세키가하라 전투〉, 서은혜 옮김, 청아람미디어, 2002
오와다 데쓰오, 〈도쿠가와 3대〉, 이언숙 옮김, 청어람미디어, 2003
시바 료타로, 〈풍신수길〉, 권순만 옮김, 에디터, 2005
야마오카 소하치, 〈도쿠가와 이에야스〉, 박재희 옮김, 동서문화사, 2005
이자와 모토히코, 〈무사〉, 양억관 옮김, 들녘, 2005
시바 료타로, 〈나라 훔친 이야기〉, 이길진 옮김, 창해, 2007

임진왜란 & 병자호란:
서필량, 〈임진왜란 그것은 그렇지 않았다〉, 서문당, 1994
한국역사연구회, 〈한국 역사 속의 전쟁〉, 청년사, 1997
유성룡, 〈징비록〉, 김흥식 옮김, 서해문집, 2003
김헌식, 〈위인전이 숨기는 이순신 이야기〉, 평민사, 2004
김성남, 〈전쟁으로 보는 한국사〉, 수막새, 2005
김성웅, 〈국가경영평가서: 왕에게 죄를 묻노라〉, 한솜미디어, 2007
윤용철, 〈남한산성 굴욕의 47일〉, 서울교과서, 2007
이한우, 〈선조: 조선의 난세를 넘다〉, 해냄출판사, 2007
호사카 유지, 〈조선 선비와 일본 사무라이〉, 김영사, 2007
남천우, 〈이순신은 전사하지 않았다〉, 미다스북스, 2008

나폴레옹 전쟁:
안용현, 〈나폴레옹 대전략〉, 병학사, 1979
존 키건, 〈전쟁의 얼굴〉, 정병선 옮김, 지호, 2005
멘탈플로스 편집부, 〈불량지식의 창고〉, 강미경 옮김, 세종서적, 2006
제프리 우텐, 〈워털루 1815 (세계의 전쟁 10)〉, 김홍래 옮김, 플래닛미디어, 2007

남북전쟁:
앙드레 모로아, 〈미국사〉, 신용석 옮김, 기린원, 1998
박정기, 〈남북전쟁〉, 삶과꿈, 2002

메이지 유신:
시바 료타로, 〈제국의 아침〉, 박문수 옮김, 하늘, 1992
하야시 후사오, 〈명치유신〉, 이송희 옮김, 일월서각, 1993
이찌이 사부로오, 〈명치 유신의 철학〉, 김흥식 옮김, 태학사, 1992

가와무라 신지, 〈후쿠자와 유키치〉, 이혁재 옮김, 다락원, 2002
시바 료타로, 〈막말의 암살자들〉, 이길진 옮김, 창해, 2005
시바 료타로, 〈타올라라 검〉, 이길진 옮김, 창해. 2005
정일성, 〈도쿠토미 소호〉, 지식산업사, 2005

청일전쟁과 러일전쟁:
　시바 료타로, 〈언덕 위의 구름〉, 이송희 옮김, 명문각, 1991
　콘스탄틴 플레샤코프, 〈짜르의 마지막 함대〉, 표완수 옮김, 중심, 2003
　진순진, 〈청일전쟁〉, 조양욱 옮김, 세경, 2006
　알렉세이 쿠로파트킨, 〈러일전쟁〉, 심국웅 옮김, 한국외국어대학교출판부, 2007

제1차 세계대전:
　하겐 슐체, 〈새로 쓴 독일역사〉, 반성완 옮김, 지와사랑, 2000
　에르빈 롬멜, 〈롬멜 보병전술〉, 황규만 옮김, 일조각, 2006
　피터 심킨스, 〈모든 전쟁을 끝내기 위한 전쟁〉, 강민수 옮김, 플래닛미디어, 2008

제2차 세계대전 중 유럽, 아프리카 전역:
　칼 되니츠, 〈10년 20일〉, 안병구 옮김, 삼신각, 1995
　이상협, 〈헝가리사〉, 대한교과서주식회사, 1996
　리델 하트, 〈롬멜 전사록〉, 황규만 옮김, 일조각, 2003
　리처드 오버리, 〈스탈린과 히틀러의 전쟁〉, 류한수 옮김, 지식의풍경, 2003
　에드거 퍼이어, 〈영혼을 지휘하는 리더쉽〉, 이민수, 최정민 옮김, 책세상, 2005
　스티븐 배시, 〈노르망디 1944 (세계의 전쟁 2)〉, 김홍래 옮김, 플래닛미디어, 2006
　알란 셰퍼드, 〈프랑스 1940 (세계의 전쟁 3)〉, 김홍래 옮김, 플래닛미디어, 2006
　윌리엄 더건, 〈나폴레옹의 직관〉, 남경태 옮김, 예지, 2006
　이성주, 〈영화로 보는 20세기 전쟁〉, 가람기획, 2006
　스티븐 J. 젤로거, 〈벌지 1944 (세계의 전쟁 9)〉, 강경수 옮김, 플래닛미디어, 2007
　이동훈, 〈전쟁영화로 마스터하는 2차세계대전〉, 가람기획, 2007
　존 키건, 〈2차세계대전사〉, 류한수 옮김, 청어람미디어, 2007

제2차 세계대전 중 아시아 전역:
　시마다 스게히고, 〈관동군〉, 이정호 옮김, 맥남, 1987
　헤다 가자, 〈인물로 읽는 세계사 - 모택동〉, 김기연 옮김, 대현출판사, 1993
　하세가와 케이타로, 〈태평양 전쟁과 일본군〉, 이성렬, 강우석 옮김, 정보여행, 1997
　권주혁, 〈헨더슨 비행장〉, 지식산업사, 2000
　피터 패드필드, 〈태평양 잠수함전〉, 이진규 옮김, 한국해양전략연구소, 2000
　권주혁, 〈베시오 비행장〉, 지식산업사, 2005
　박재석, 남창훈, 〈연합함대, 그 출범에서 침몰까지〉, 가람기획, 2005
　이동훈, 〈영화로 보는 태평양전쟁〉, 살림, 2005
　심은식, 〈한국인의 눈으로 본 태평양전쟁〉, 가람기획, 2006
　권석근, 〈일본제국군〉, 코람데오, 2007
　칼 스미스, 〈진주만 1941 (세계의 전쟁 14)〉, 김홍래 옮김, 플래닛미디어, 2008

한국전쟁:
　주영복, 〈내가 겪은 조선전쟁〉, 고려원, 1991
　벤 말콤, 〈백호부대 유격전사〉, 국방부 군사편찬연구소, 2001

김행복, 〈6.25전쟁과 채병덕 장군〉, 국방부 군사편찬연구소, 2002
존 대럴 셔우드, 〈전투조종사〉, 전춘우 옮김, 답게, 2003
노병천, 〈이것이 한국전쟁이다〉, 21세기군사연구소, 2004
빌 길버트, 〈마리너스의 기적의 배〉, 안재철 편역, 자운각, 2004
박태균, 〈한국전쟁〉, 책과함께, 2005
고든 L. 리트먼, 〈인천 1950 (세계의 전쟁 1)〉, 김홍래 옮김, 플래닛미디어, 2006
국가보훈처, 〈아테네의 후예들〉, 신오성기획, 2006
김영호, 〈한국전쟁의 기원과 전개과정〉, 성신여자대학교, 2006
권주혁, 〈기갑전으로 본 한국전쟁〉, 지식산업사, 2008

베트남전쟁:
마이클 매클리어, 〈베트남 10,000일의 전쟁〉, 유경찬 옮김, 을유문화사, 2002
피터 영 외, 〈언론 매체와 군대〉, 권영근, 강태원 옮김, 연경문화사, 2005

기타 전쟁사 관련:
베빈 알렉산더, 〈위대한 장군들은 어떻게 승리하였는가〉, 김형배 옮김, 홍익출판사, 2000
윌리엄 코헨, 〈장군들의 지혜〉, 안충준 옮김, 백산출판사, 2001
존 키건, 〈승자의 리더십 패자의 리더십〉, 정지인 옮김, 평림, 2002
볼프강 헤볼트, 〈승리와 패배〉, 안성찬 옮김, 해냄, 2003
버나드 로 몽고메리, 〈전쟁의 역사〉, 승영조 옮김, 책세상, 2004
온창일, 〈전략론〉, 집문당, 2004
존 키건, 〈정보와 전쟁〉, 황보영조 옮김, 까치, 2005
이쿠지로 노나카 외, 〈전략의 본질〉, 임해성 옮김, 비즈니스맵, 2006
콜린 에번스, 〈라이벌〉, 이종인 옮김, 이마고, 2008
김도균, 〈세계사를 뒤흔든 전쟁의 재발견〉, 추수밭, 2009
남도현, 〈히든 제너럴〉, 플래닛미디어, 2009

기타 인재 개발 관련:
도몬 후유지, 〈오다 노부나가의 카리스마 경영〉, 이정환 옮김, 작가정신, 2000
잭 웰치, 〈끝없는 도전과 용기〉, 이동현 옮김, 청림출판, 2001
에드 마이클스 외, 〈인재전쟁〉, 최동석 옮김, 세종서적, 2002
잭디스 세스, 라젠드라 시소디어, 〈빅3법칙〉, 신철호 옮김, 21세기 북스, 2002
김해동 외, 〈나의 꿈은 글로벌 CEO〉, 월간조선사, 2004
알랭 드 보통, 〈불안〉, 정영목 옮김, 이레, 2005
박재희, 〈경영전쟁 시대 손자와 만나다〉, 크레듀, 2006
앨 리스, 잭 트라우트, 〈마케팅 전쟁〉, 안진환 옮김, 비즈니스북스, 2006
정하열, 〈처음 5분이 프레젠테이션의 운명을 결정한다〉, 원앤원북스, 2006
앨 리스, 잭 트라우트, 〈마케팅 불변의 법칙〉, 이수정 옮김, 비즈니스맵, 2008
로렌스 피터, 레이몬드 헐, 〈피터의 원리〉, 나은영 옮김, 21세기 북스, 2009
민경조, 〈논어 경영학〉, 청림출판, 2009
신현만, 〈회사가 붙잡는 사람들의 1% 비밀〉, 위즈덤하우스, 2009
존 메디나, 〈브레인 룰스〉, 서영조 옮김, 프런티어, 2009
존 코터, 〈위기감을 높여라〉, 유영만, 류현 옮김, 김영사, 2009
문준호, 〈마법의 5년〉, 아라크네, 2009